TRI DEALBHAN CLUICHE

TRI DEALBHAN CLUICHE

Alasdair Caimbeul

Clò Ostaig

Air fhoillseachadh an 1990 le
CLO OSTAIG, Slèite, An t-Eilean Sgitheanach

Air a chlò-bhualadh leis a'
West Highland Publishing Company Limited, An t-Ath Leathann, An t-Eilean Sgitheanach

LAGE/ISBN 0-9516419-0-5

Chuidich an Comann Leabhraichean am Foillsichear le cosgaisean an leabhair seo

CLAR-INNSE

RO-RADH
DHA MAGAIDH CHOINEAGAN

A Mhagaidh,

Chan eil mòran ri ràdh mu na dealbhan-cluiche seo. 'S e *Bùth a' Bhaile* a' chiad fhear a sgrìobh mi (chan eil sgeids, còig mionaidean, air an robh *A' Home Brew*, 's a chuir mi gu co-fharpais a bh' aig a' Bh.B.C. o chionn seachd bliadhna air ais, a' cunntadh). Dha Na Nisich a sgrìobh mi e. Chaidh a sgrìobhadh an Taigh-sgoile Dhrinisiadar anns na Hearadh, an taigh Jo Teelum an Steòrnabhagh, agus an taigh mo mhàthar an Dail bho Dheas. A' chiad oidhche a choinnich Na Nisich, anns a' Chros Inn, dh'innis mi am pàirt a bha e gu bhith cluich (Iain Beag) dha Murchadh a' Mhinisteir. Cha duirt e dùrd nuair a sguir mi; shuidh e ga mo choimhead, tro glainneachan eadar a bhith gorm is purpaidh. "Sin OK," thuirt e mu dheireadh. "Ach cà'il thu dol a dh'fhaighinn lorg air na coin?" . . . 'S bha dol leinn OK, cuideachd, gun tàinig a' Bhliadhn' Ur, nuair a dh'fhalbh duine no thriùir anns an sgioba air dràma dhaib' fhèin, 's cha do thill.

An-uiridh, rinn sgioba eile *Bùth a' Bhaile*. "Eil fhios agad air a seo?" thuirt an tè a bha na riochdaire rium. "Bha sin diabhlaidh!" Air a slighe dhachaigh bho Danns an Regatta anns a' Phloc a bha i nuair a thuirt i seo rium, aig seachd uairean sa mhadainn, agus thug mi maitheanas dhi. Cha robh sinn cho diabhlaidh ri sin. Am fear a bha cluich Tormod, mar eisimpleir — bha esan math. Uill, cha robh e math ach cha robh e dona. Uill, cha robh e cho dona ri sin. Uill, bha e diabhlaidh, ach dè ged a bha? Cò chuir ann e anns a' chiad àit'?

Tha fios agad fhèin cho farasd 's a tha e club dràma a ruith. A' dèanamh *A' Home Brew*, bhithinn a' tighinn a-nall às na Hearadh gach seachdain air bus, dol a-null a Nis air bus eile, 's a' dol a thaigh Thormoid mo bhràthair. 'S e bha cluich Alasdair. Hallo, etc. H-abair gèile, h-abair oidhche! Cà'il sinn a' coinneachadh? Chan eil fhios a'm. Na dh'fhònaig thu Rhino idir — no Joan — a dh'fhaighinn a-mach? Na dh'fhònaig thu fhèin? As na Hearadh? Cheart cho farasd dhuts' 's a tha e dhòmhsa. Con as e mise 'n còmhnaidh a dh'fheumas a bhith fònaigeadh, a' cur dragh air daoine? Uill, b' fheàrr dhuinn faighinn a-mach. Iongantach gur e mise, a tha tighinn a-nall air a' Chliseam — nach duirt duineigin an t-seachdain a chaidh gur ann anns an Talla? Cò thuirt sin? Cha chuala mise sin. Eil thu cinnteach nach ann anns an Taigh-chèilidh? Na h-A.A.s a-nochd anns an Taigh-chèilidh. A bheil? Tha. A h-uile oidhch' Ardaoin. Cha chreid mi. Ma tha, tha sinne anns an Talla. Cò aige tha 'n iuchair? Dè fios a th' agams'. Mis' anns an sgoil fad an latha.

B' fheàrr dhuinn fònaigeadh Rhino 's faighinn a-mach. No Joan. Cha bhi iad a-staigh fhathast, duine dhan dithis. Con as e mise a dh'fheumas a bhith fònaigeadh, co-dhiù? Sìos chun an Talla aig leth-uair an dèidh seachd. An oidhche mar a' bhìth. Gaoth phuinnseant on ear-thuath, 's clachan-meallain. Stout Cortez romham le toirds; a' dol gu mo chùlaibh a h-uile uair a thigeadh càr oirnn bhon taobh sin. An talla dubh. Stampadh mo chasan anns an doras. Fead na gaoith. Bidh fios aca a thighinn chun an Talla, ged nach eil solas. Cha leig thu leas innse dha Dolina cà'il sinn a' coinneachadh; bidh fios aice. Cà bheil i, ma-tha, ma tha fios aice? Cuin a thuirt thu riutha a bhith ann, co-dhiù? Cuin a thuirt thu fhèin? Con as e mise, a dh'fheumas a thighinn a-nall air a' Chliseam gach seachdain — thu fhèin an t-ùghdar. 'S an riochdaire. 'S an stiùiriche. 'S old Uncle Tom Cobbley. Chan eil mi tuigs' con a thathas ga fhàgail an urra riums', a dh'fheumas, gach seachdain, a thighinn a-nall air a' Chliseam — seo soillse eile. Dolina a bhios ann, an triop sa. Bidh Iain Tod còmhla rithe. Fras chlachan-meallain. 'S mait g'eil iad a' smaoineachadh gur ann an ath-oidhch' tha 'n dràma? Nach bi Iain Tod a' cluich pool oidhch' Ardaoin? Dè fios a th' agads' nach eil? Cha dèan mi mach con a tha e cho duilich dhuts', a tha fuireach anns an sgìre — casan a' tighinn anns an dorch. Cailleach an Druim Fraoich! Cortez a' leigeil na toirds. Iain Tod na ruith. Sandshoes. Còta fada dubh a bh' air a sheanair anns a' Mhailisi. Cà'il a h-uile duine? Ha! Thig iad, thig iad. Shreap e mar orang-outang suas gu uinneag bheag os cionn an dorais. Glaist'. Leum e sìos. Ràn bhana mhòr a' dol seachad le fluis, Joan anns an t-seata-thoisich, Rhino air a' chuibhle. A' dèanamh air an Taigh-chèilidh. Nuair a chì iad g'eil an Taigh-cèilidh làn A.A.s, tillidh iad (Cortez). Good thinking, kimmo sabby, A-raoir a bha na h-A.A.s (I. Tod). An ann? 'S ann. Mise, crith na ghuth: Bidh Joan is Rhino a' feitheamh ruinn a-rèisd anns an Taigh-chèilidh! Uill . . . (S. Cortez) . . . Anns a' bhlàths! Rhino a' cur air a' choire! Joan a' cur thuige fag! Fhad 's a tha sinne ann an seo, air ar ragadh leis an fhuachd! Uill . . . (Cortez) . . . dh'fhaodadh sin a bhith. 'S fhada bho thuirt m' athair e. Gun dèanainn murt latheigin. Tha làrach Chàin air mo mhaol mar a tha. Càr a' lùbadh a-steach dhan a' chuaraidh. Dolina. Cà'il a h-uile duine? Ha! Thig iad, thig iad. An iuchair? Ha eile! Bha an cròileagan anns an Talla feasgar. Bidh 'n iuchair aig Màiri, an Suaineabost. No aig Mairead, an Sgiogarstaigh. Tod, I.: Thèid mi fhìn 's Dolina air a tòir. Gaoth, stoirm chlachan-meallain. Ràn bhana mhòr a' dol seachad le fluis, Joan anns an t-seata-thoisich, Rhino air a' chuibhle. A' dèanamh air Gob an Rubha. Beiridh sinn orr' aig a' Chros Inn. Fuiricheadh sibhse ann an sin gun till sinn . . .

'S tha cuimhne agam air oidhche dhorch eile, an cùl càr, 's tè ri mo thaobh ag ràdh ri Mòrag Amos, a bha dràibhigeadh, ''Tha e 'g ràdh nach ann le Torcuill a tha Mairead ann, ach le Sir Farquhar.'' Sin an oidhche a choinnich mi Cluicheadairean Loch Aills' son a' chiad uair. 'S air oidhch' eile, air taobh a-muigh Talla Steòrnabhaigh, 's fear ag ràdh rium, ''Bha 'n duine ud cumhachdach. Chan fhaca mise duine o chionn fhada air stèids cho cumhachdach ris an duine ud. Dè 'n t-ainm a th' air?'' Dòmhnall MacMhathain an t-ainm a th' air. A' Yarner. Aig an Fhèis Dhràma Ghàidhlig, 1988, a bha sinn. Co-fharpais eile. Cà 'm biodh sinn às an aonais? Bhuannaich sinne ach chaill sibhse. Fhuair mise cupan-uighe 's mo dhealbh anns a' phàipear; cha d'fhuair thusa fiach do thòn a thachais. Balach à sgoil Lìonail, an dèidh Ceòl is Cleas, Mòd Shruighlea: *Bha sinn last*. Umaidh le fèileadh, suaicheantas a' Chomainn Ghàidhealaich, agus gàire, a bha dol seachad 's a chual' e: *Cha robh, cha robh, cha robh*. *'S e a bhios tu 'g ràitinn ach, choisinn sinne an treas duais anns a' cho-fharpais.* Uill . . . a Shiorraim 's a Rìgh! Agus hì-ho-ro, togaibh i! Ach bha Cluicheadairean Loch Aills' math an oidhch' ud, co-fharpais ann no às. 'S cha b'e A' Yarner na aonar. Thug thu fhèin air feadhainn dhen an luchd-èisdeachd suidhe an àirde gu math stobach, nach tug, a luaidh?

Dè an còrr? 'S e Tormod mo bhràthair a sgrìobh an dà phìos bàrdachd ann am *Bùth a' Bhaile*. Tha Clach 'An Geàrr ri taobh an rathaid, air an làmh cheàrr, ceud slat mus tig thu gu ceann rathad Dhail. 'S ann aic' a fhuairear an corp aige. Bha e air a mhurt. Mo shìn-seanmhair, bean Chàisgein, a fhuair e, moch air madainn, 's i dol a bhleoghann bò a Ghabhsann. Bha fear eile a-muigh air a' mhadainn sin, 's bha e air a bhith muigh fad na h-oidhche . . .

Mu dheireadh, bu chaomh leam taing a thoirt dhan a h-uile duine anns an t-Sabhal Mhòr a chuidich mi leis an leabhar seo — Donella NicAoidh, a thaidhp na dealbhan-cluich anns a' chiad àite; Mòrag Dhòmhnallach is Seumas Westland, a chum sùil orm nuair a bha mi, leis an dà sgealbag, gan cur air an Sperry (''Dè 'm putan a shàth thu a-nis,'' bhiodh iad a' faighneachd — an inneal air a dhol droll orm a-rithist, 's a' dèanamh cuisteanan calculus aig peilear a bheath'); Christine, anns an oifis aice fhèin; agus Ailean Boyd, a chaidh tro na sgriopts còmh' rium le peansail dearg, theab Gàidhlig Nis a chur às a rian . . .

Sin agad e. Agus seo agad iad.

Cha robh mòran ri ràdh mun deidhinn. Cha robh.

Mòran gaoil,
Alasdair

Sabhal Mòr Ostaig, An Gearran, 1990

BUTH A' BHAILE

DOILIDH — Fear na bùth

MAIREAD — A bhean

IAIN

FEARCHAR

MAIRI

IAIN BEAG

CALUM

UILLEAM

SEUMAS

TORMOD

ANNA

ISEABAL

CAIRISTIONA

A' WHITE SETTLER

(Frèam-dorais, le soighne os a chionn — D. GUNN, GENERAL MERCHANT. Uinneag, le sanas oirre. Steach air an doras, tha cunntair na bùth. Paidhle leabhraichean aig an dàrna ceann.

DOILIDH air cùl a' chunntair, a' leughadh pàipear-naidheachd tro glainneachan cruinn.)

GUTH MAIREAD	*(shìos fon a' chunntair)* Cà'il na Cadburys?
DOILIDH	*(a' leughadh)* Uh?
GUTH MAIREAD	Cà na chuir thu am bucas Cadburys?

(An làmh aice a' cur bucas falamh cardboard air a' chunntair. IAIN a' nochdadh air an làmh cheart. A' stad, 's a' leughadh an t-sanas. A' dol a-steach air an doras)

GUTH MAIREAD	. . . lorg air càil a dh'òrdaich Dia am broinn na bùth s'. . .
IAIN	*(a' coimhead a-null air a' chunntair)* Innis thusa dha, a Mhairead.
DOILIDH	*(ri IAIN)* Dè?
MAIREAD	*(a' tighinn an-àirde)* . . . cheart cho math dhomh a bhith bruidhinn ri clach . . . *(ri IAIN)* Dè tha gad fhàgail-s' a-muigh cho tràth?
IAIN	Nach eil dìth an tombaca? Thoir dhomh unnsa cut cho luath 's a rinn thu càil a-riamh.
DOILIDH	*(coimhead ri IAIN os cionn nan glainneachan)* Woill, eil fhios agad an-dràsd air a seo, tha mise 'g ràdh riut gu bheil sin nàir . . . *(cumail a' phàipeir-naidheachd suas)* . . . Seall fhèin an-drasd air a' bhoireannach òg sin, 's gun stiall mu màs ach . . . ach . . . Seall fhèin an-dràsd air a sin!
IAIN	Sguir a choimhead rithe, ma tha i dèanamh uiread de chron ort . . . Dè, a Mhairead?

MAIREAD	*(coimhead ris a' phàipear)* An aghaidh a dhiùlt nàire . . . *(ri DOILIDH)* Gluais a-mach às mo rathad! *(dol fon a' chunntair a-rithist, far an robh DOILIDH na sheasamh . . . an guth aice, o ìosal)* Cà'il am bucas Cadburys, dh'fhaighnich mi dhut?
DOILIDH	*(a' crathadh a chinn os cionn a' phàipeir)* 'S tha e 'g ràdh ann an seo gu bheil sia cànain aice!
MAIREAD	*(tighinn an-àirde)* Nach toir duineigin dha sgleog!
IAIN	'N dùil eil Gàidhlig nam measg?
MAIREAD	*(coimhead ris a' phàipear a-rithist)* Chan eil no Greigis! *(ri DOILIDH)* Na dh'òrdaich thu 'm paireafain, mar a thuirt mi riut?
DOILIDH	Cuin a thuirt thu sin rium?
MAIREAD	Thubhairt! Dè m math tha sin?
IAIN	Innis thusa dha, a Mhairead.
MAIREAD	Cum thus' do chab cuideachd . . . Dè thuirt thu a bha thu 'g iarraidh, co-dhiù?
IAIN	Unnsa tombac. Bucas mhaids'.
MAIREAD	Sin a chuir aiste cho tràth thu. Dìth nam fags. Cha do chuir thu a' chuibhrig ùr na smàl fhathast?
DOILIDH	*(toirt cut 's bucas mhaids' a-mach à drathair fon a' chunntair)* Chì mi iad fhathast ga thoirt sìos an staidhre air siofail.
IAIN	Pàighidh mi Diardaoin thu. Nuair a thig mo dhole.
MAIREAD	Iongnadh nach robh thu na do luath. 'S na bh' anns an taigh maille riut.
	(I tòiseachadh a' cunntadh na th' air na sgeilpeachan)

IAIN	Tha mi faicinn gu bheil an sanas aigesan fhathast ris an uinneig.
DOILIDH	Bàrd a' bhaile? Mà thà! Tha gu dearbh!
IAIN	"Cuid de bhàrdachd Chalum Thormoid. Dà not."
DOILIDH	Nach eil fhios agad gu bheil! *(òrdag gu chùlaibh, ri MAIREAD)* Cha ghabh mi orm a toirt sìos.
IAIN	'N d'fhuair thu creic air gin dhe na leabhraichean fhathast?
DOILIDH	Fhuair. Air trì.
IAIN	Dhuine bhochd! Cò cheannaich an trìtheamh fear?
DOILIDH	Cheannaich, a bhalaich, innsidh mise sin dhut, srainnsear le feusag a thàinig a-mach à car aig ceann na bùth.
MAIREAD	*(gun tionndadh)* Geographer.
FEARCHAR	*(anns an doras)* Geologist.
DOILIDH	Bha Ghàidhlig aige, co-dhiù. Seòrsa dhith.
FEARCHAR	Nach b'e sin a' mhadainn . . .
MAIREAD	Bha Gàidhlig ann an sin!
DOILIDH	"Bàrdachd ionadail!" ars esan. Agus cheannaich e fear.
FEARCHAR	Tha bàrdachd ann an sin!
IAIN	Bàrdachd gun chiall.
DOILIDH	Agus nach innis sibh dhomhs' an-dràsd . . . Con, an-dràsd, nach eil an dithis agaib' fhèin a' ceannachd fear an duine?
MAIREAD	'S na th' agaibh de dh'airgead?
DOILIDH	*(a' togail leabhar)* Balach às a' bhail' againn fhìn a' cur peann ri pàipear . . . Con nach eil sibh a' ceannachd fear?

IAIN	Cha leig mise leas gin a leabhar a cheannachd son eòlas a chur air a' bhalach sin.
FEARCHAR	'S fhada bho dh'aithnicheadh sinn e.
IAIN	'S athair roimhe.
FEARCHAR	'S a sheanair roimhesan.
DOILIDH	Woill, chan eil fhios againn, ach mar a thuirt mi fhìn ris an latha roimhe, 's e staigh a' ceannach peansail . . . "Woill," thuirt mi ris, "a Chaluim, ach trì leabhraichean ann an trì mìosan . . . 's e na h-uiread a th' ann an sin fhèin! . . ." *(sealltainn a' phàipeir-naidheachd dha FEARCHAR)* . . . Ille, ach gabh alladh ris a' chùis-bhùird sin, le tòin ris a' ghaoith am fianais an t-saoghail.
FEARCHAR	Ma, 's iongantach mura robh thu fhèin latha nach brosnaicheadh sin gu corraich thu . . . Dè, a Mhairead?
MAIREAD	Eisd dheth! *(stad ghoirid)* 'S dè do naidheachd fhèin an-diugh?
FEARCHAR	Cha chuala mi càil às ùr . . . *(ri IAIN)* Ille, nach tu fhèin a chuir a' char aiste tràth?
IAIN	Ruith mi mach à cut.
	(MAIRI a' tighinn a-steach. IAIN BEAG aice air làimh)
MAIRI	Nis, seas ann an sin, 's na struc ann a fiach! . . . Thoir dha caramel, a Mhairead, mus tòisich e.
IAIN	Dè mar tha Iain Beag an-diugh?
FEARCHAR	Siuthad, cuir boill ris a' bhodach ghrànda air cùl a' chunntair.
IAIN	Cuir do theanga mach ris.
MAIREAD	*(le dà ghàirdean a-mach air a' chunntair)* Tomhais dè th' agamsa dha Iain Beag! Tomhais dè làmh anns a bheil e!

FEARCHAR	*(sanais)* Can an tè ud. *(IAIN BEAG a' cur a làmh a-mach)*
MAIREAD	*(a' fosgladh a làmh)* Chan ann!
DOILIDH	Coltach ri taobh a sheanmhar. Taobh na Smiotaich.
MAIRI	Cò? . . . Eil thu smaoineachadh?
FEARCHAR	*(sanais)* Can an tè ud, a-rèisd. *(IAIN BEAG a' cur a làmh a-mach)*
MAIREAD	*(fosgladh a làmh)* 'S ann!
MAIRI	Thoir fhèin am pàipear dheth, Iain Bhig — siuthad, feuch!
IAIN	Ri na Smiotaich, an tuirt thu? 'S e nach eil!
FEARCHAR	Chan eil mi ga shamhlachadh riutha idir . . .
IAIN	. . . Ach ri Domhnall Mòr Ruadh Aonghais Fhionnlaigh, bràth'r a sheanar!
MAIRI	Cò? . . . 'N dùil an ann?
MAIREAD	*(làmh a-mach)* 'S cuiridh Mairead am pàipear dhan a' bhasgaid a th' aic' air cùl a' chunntair. *(ri MAIRI)* Mus sluig e e.
MAIRI	*(ri MAIREAD)* . . . mi nam èiginn, a bhrònag, bho raoir, le gathan pian sìos is suas mo chasan . . .
MAIREAD	Pian! Cò dha a tha thu dol a dh'inns' mu dheidhinn pian?
MAIRI	. . . dh'fhairich mi 'n uair sin an cràbhadh sin na mo bhroilleach . . . mar losgadh-bràghad . . .
MAIREAD	. . . a h-uile madainn dha mo bheath' . . . grèim teann air post na leap' . . . mus fhaigh mi air cas a chur fodham . . .
	(CALUM is UILLEAM a' tighinn a-steach)
IAIN	Latha math.

17

CALUM	Aidh . . .
FEARCHAR	Dad às ùr agaib' fhèin an-diugh?
UILLEAM	Cha chuala mi càil.
IAIN	Bha fìor dhroch choltas oirre anns a' mhadainn . . . eadar seachd 's a h-ochd . . .
UILLEAM	*(a' coimhead ris)* Cò dh'innis sin dhuts'?
MAIRI	'S an uair sin an aon phian ag èaladh suas mo dhruim . . .
MAIREAD	Eisd! Càil a' tachairt riut an taca riums'. . .
FEARCHAR	*(ri UILLEAM)* 'N d'fhuair thu lorg fhathast air a' chaorachiadain 's am mult?
UILLEAM	Fhuair. Cha b' ann gun spàgail. Eil fhios agad cà 'n robh iad? Air an Liana Bhàn!
FEARCHAR	Dè chuir a-mach an sin iad?
UILLEAM	Chan e dè, a nàbaidh, ach cò.
FEARCHAR	"Mi fhìn 's Sharp". . . Na can an còrr!
MAIREAD	. . . 'n e thusa, 'm bioch? Chan eil fiù 's luairean a' tighinn ort . . .
DOILIDH	*(ri CALUM)* Agus dè mar tha bàrd a' bhaile an-diugh?
CALUM	Glè mhath. *(dèanamh gàire ris)* Dè mar a tha thu fhèin?
DOILIDH	Tha ise fhathast air an uinneig.
	(Tha a' WHITE SETTLER a' tighinn a-steach; cuilean beag, nach eil sinn a' faicinn, aice air iall, nach eil sinn a' faicinn a bharrachd. Tha i dol a-steach tron an doras . . .)
IAD UILE	Good day . . . Urr-urrhm . . . Good day . . .
DOILIDH	*(ris a' W.S.)* Yas yas . . . woill . . . goodday . . .

(Tha IAIN BEAG a' dol sìos air a dhà ghlùin, 's a tòiseachadh a' cluich leis a' chuilean)

MAIRI

Leig dhan a' chuilean, a-nis . . . Na struc ann . . . *(ris a' W.S.)* . . . I'm just saying to him . . . don't touch the doggie . . .

(A' W.S., le gàire air a h-aodann: leig dha. IAIN BEAG a' cluich leis a' chuilean.)

IAIN BEAG

Hallo! Cuilean beag còir! *(A' coimhead suas ris a' W.S. Tha a' W.S., leis an aon ghàire, a' crùbadh sìos, 's ag innse dha . . .)*

IAIN BEAG

Hallo, Spot! Spot beag còir!

FEARCHAR

(ri UILLEAM) Bhiodh e math air na caoraich, am fear sin . . . Dè?

UILLEAM

'N dùil dè seòrs' beathach a th' ann?

FEARCHAR

Aig Dia tha fios.

IAIN

'S ann a tha e coltach ri fèarlagan.

FEARCHAR

(toirt putag air UILLEAM) Eadar e fhèin 's Sharp . . . Dè?

DOILIDH

(ris a' W.S.) . . . Yas, yas . . . Cò . . . the toothox? . . .

MAIREAD

Teich 's dùin do bheul . . . ga mo nàrachadh am fianais dhaoine . . . *(ris a' W.S.)* . . . Excuse husband's English . . . *(ag èisdeachd)* . . . Yes . . . Oh yes . . . Yes, certainly . . . *(A' gabhail pàipeir bhon a' W.S. A' W.S., leis an aon ghàire, a' falbh)*

IAD UILE

Urrr . . . Goodday . . . etc.

(SEUMAS a' coinneachadh na W.S. aig beulaibh na stèids. Na sheasamh a' coimhead às a dèidh. Tighinn a-steach dhan a' bhùth)

SEUMAS	Fhearaibh, nach e siud an tè Bheurla a th' air ùr-thighinn dhan a' bhaile? . . . pòsd aig an engineer Shasannach? . . . Na daoine a cheannaich taigh Mhurchaidh Bhàin?
IAIN	'S e.
FEARCHAR	Fhuair iad an lot cuideachd. An cois an taigh.
IAIN	Con nach fhaigheadh?
SEUMAS	Agus lios Mhurchaidh Bhàin. 'S a' phàirc. 'S an seann taigh.
IAIN	Cò eile bha dol gam faighinn?
UILLEAM	Nach robh h-uile càil a bha sin an cois an taigh?
DOILIDH	*(ri MAIREAD)* Agus dè 'm pàipear a thug i dhut?
MAIREAD	*(ga thoirt dha)* Leugh dhut fhèin e.
DOILIDH	*(cur air nan glainneachan cruinn)* Uh . . . uh . . . wanted . . . *(a' coimhead riutha, os cionn nan glainneachan)* Nam biodh mo ghlainneachan eile agam!
MAIREAD	Thoir às a làimh e, Chaluim, 's leugh a-mach e.
DOILIDH	Seo dhut e.
CALUM	*(a' leughadh)* "Wanted. Tuition in Gaelic. Fees negotiable. Victor and Madeleine Horsburgh, Taigh a' Ghlinne."
DOILIDH	Woill, woill . . . Dè tha sin, negotiable?
	(h-uile duine a' coimhead ri CALUM)
CALUM	Well, tha . . . tha sibh ga obrachadh a-mach . . . eadaraibh . . . *(ri IAIN)* Nach e?
DOILIDH	Woill, woill . . . Agus cà'il i 'g iarraidh oirnn am pàipear a chur?

MAIREAD   Air do mhaol! *(a' crathadh a cinn)* Dhan an uinneig! Cà 'n
               saoileadh tu?

DOILIDH   Ri taobh sanas a' bhàird!

MAIREAD   Thalla 's cuir ann i, ma-tha.

               (DOILIDH a' dol a-null chun na h-uinneig. A' cur an t-sanas
               air a' ghlainne)

MAIRI   Seo, a Mhairead . . . *(cur baga nam messages a-null air a'*
               chunntair thuice) . . . siud an loidhne, 's cum dà lof phlèana
               dhomh, nuair a thig am bèicear, 's cuir a h-uile càil a
               th' ann dhan an leabhar. 'N-dràsda chuimhnich mi gun
               dh'fhàg mi 'm buntàt' air an range.

               (i gabhail grèim air IAIN BEAG air làimh, 's a' falbh.)

DOILIDH   *(ris fhèin)* "Cuir dhan an leabhar e . . ." *(na ghuth*
               nàdarrach) . . . Woill, ach trobhad seo an-dràsd . . . Cò
               'n-dràsd a b'fheàrr son leasanan Gàidhlig a thoirt dha na
               srainnsearan na bàrd a' bhail' againn fhìn? Dè ur beachd
               fhèin, a bhalachaibh?

IAIN   Cha b'urrainn na b'fheàrr, a Dholaidh.

FEARCHAR   An dearbh dhuine!

SEUMAS   'S bidh a dheagh thuarasdal aige air a shon!

DOILIDH   Agus . . . agus cuimhnichibh, tha e cheart cho fileanta ri
               sin anns a' Bheurla —

UILLEAM   Agus tha e cheart cho dèidheil ri sin air Goill —

FEARCHAR   Air Sasannaich —

IAIN   'S air am mnathan!

SEUMAS

(a' coiseachd sìos is suas) Càil ceàrr air na Sasannaich. Choinnich sinne ri gu leòr dhiubh, anns an Arm.

(Stad)

UILLEAM

(ri CALUM) Càil a dh'fhios dè dh'fhaodadh creutar mar siud a thabhachd ort, a thuilleadh air do phàigheadh . . .

DOILIDH

Faca sib' fhèin an coltas a bh' oirr'!

MAIREAD

Leigibh dha Calum, a h-uile duin' agaibh . . . *(coimhead ri loidhne MAIRI)* Cà na chuir thu na lentils?

DOILIDH

Air an sgeilp ìosal. Air cùl nam prunes.

MAIREAD

(iongnadh na guth) Con a chuir thu ann an sin iad?

FEARCHAR

(coimhead a-mach air an uinneig) Isdibh! Seo "Mi-fhìn 's Sharp" a' tighinn air an rathad.

UILLEAM

Bu chòir dha duineigin urchair a chur dhan a' bheathach sin. Tha làn-thìd.

FEARCHAR

Beathach a dhiùlt trèanaigeadh.

DOILIDH

Woill . . . ach chan ann air a' bheathach bhochd a tha mi fhìn a' cur a' choire as motha . . . ach air a mhaighstir.

UILLEAM

Bu chòir urchair a chur dhan a' mhaighstir cuideachd. Agus coma leat mu license son a' ghunna.

IAIN

Uill . . . cho math a dhol dhachaigh thuic' . . .

(IAIN a' dol a-mach. A' coinneachadh ri TORMOD aig beulaibh na bùth.)

TORMOD

Coltas nas fheàrr oirr' an-diugh, ge-ta.

IAIN	Bha i gruamach anns a' mhadainn . . . eadar seachd 's a h-ochd . . .
TORMOD	*(coimhead ris)* Dè fios a th' agads' air a sin?
IAIN	Nach mi bha 'n-àirde 's a chunnaic!
	(E falbh. TORMOD a' dol a-steach dhan a' bhùth.)
IAD UILE	Latha math . . . nas fheàrr an-diugh . . . Aidh . . .
	(TORMOD a' dol a-null chun a' chunntair)
MAIREAD	*(guth ìosal)* 'S dè mar a tha sibh a-staigh an sin an-diugh?
TORMOD	*(guth ìosal)* Nas fheàrr. Tha i nas fheàrr.
MAIREAD	*(guth ìosal)* 'S math sin.
TORMOD	*(guth ìosal)* 'S math. 'S math.
UILLEAM	*(guth àrd)* Agus cuin a bha thu fhèin a-muigh air a' mhòinteach mu dheireadh?
TORMOD	*(a' tionndadh)* Mise? Bha a' bhòn-dè. Mi fhìn 's Sharp.
FEARCHAR	'N deach thu fada mach?
TORMOD	Ràinig sinn Bhatalòis. *(moiteil)* Chuir Sharp car man an loch.
DOILIDH	Bha siud gu caoraich Tholastaidh . . .
UILLEAM	Chan fhaca tu beathach leams' air do chuairt? Caora-chiadain? Mult ceann-dubh?
TORMOD	Chan fhac'. *(ri SEUMAS)* Ach chunna mi tè leats'.
SEUMAS	*(guth cabhagach)* Càite?
TORMOD	Aig na Toman Biorach. 'S chan ith i chopag am bliadhna.

SEUMAS	Dè seòrs' tè a bh' ann?
TORMOD	Faighnich dhan fhitheach a bha sàs innt'.
	(CALUM a' leigeil lachan)
UILLEAM	*(ga bhualadh le bhonaid)* Dè ghàireachdainn a th' orts'?
CALUM	*(a' gàireachdainn)* Aobh!
UILLEAM	Bàrd a' bhaile! Thalla 's dèan amhran eile dha curra-mheadhag!
FEARCHAR	Dha sniogh!
DOILIDH	Chan ann ach dha . . . dha corra-thulchainn!
UILLEAM	'S chan e a bhith na do sheasamh ann an sin fad an latha . . .
DOILIDH	Mar am fear s' . . . stadaibh . . . *(a' togail leabhar, 's a' cur air nan glainneachan cruinn . . . tionndadh nan duilleagan . . .)* . . . stadadh sibhs' oirbh! . . . Cà bheil e? . . . Seo e! *(coimhead ri CALUM)* "Oran dha Duff!"
	(a' dèanamh casd, 's a' tòiseachadh)
	Uh . . . Nis molach air . . . duff . . . uh . . . *(call a nàdar)* Nam biodh mo ghlainneachan ceart agam!
UILLEAM	*(toirt an leabhair bho DHOILIDH, 's ga thoirt dha CALUM)* Seo! Leugh e!
CALUM	Och, isd . . . cha leugh . . .
UILLEAM	Leugh e, thuirt mi riut! Gabh an leabhar às mo làimh!
	(CALUM a' coimhead timcheall, mì-chinnteach.)
UILLEAM	Siuthad! Tòisich!

CALUM

(a' leughadh)

Nis molamaid duff ruadh na mònach
Càit am facas càil cho bòidheach
air bòrd
's i bruich?
O molamaid an sgadan saillt
's na crògan a bha sàs ann
adagan is maragan
leòbagan O leòbagan
is brochan mòr na Sàbaid

Ach faire faire
prais a' plubadaich
agus bodach a' bramadaich
Faire faire
bonaid air glùin
dromannan lùbt'
's ceann liath ag iarraidh maitheanas . . .

DOILIDH

'S ceann liath ag . . . 'N cuala sibh siud? 'N e siud bàrdachd?

SEUMAS

Leòbagan!

DOILIDH

. . . bramail . . .

SEUMAS

. . . fanaid air altachadh . . .

DOILIDH

Seadh! . . . 'S air daoine leis a' Chruithfhear ann am fear
eile . . .

MAIREAD

(fhathast leis an loidhne) Leigibh dha Calum, a h-uile duin'
agaibh! . . . 'S gabhaibh dhachaigh gu ur diathad . . .

TORMOD

Thug sinn ceithir chaoraich le Angaidh dhachaigh bhon an
Fheithe Ghlais. *(moiteil)* Chum Sharp cho cruinn ri put iad,
a-steach an gleann.

*(IAIN BEAG a' ruith a-steach, le loidhne na làmh. Toirt na
loidhne dha MAIREAD)*

MAIREAD	Dè dhìochuimhnich i nis?
FEARCHAR	Hui! Iain Bhig! Can ris a' bhodach mhosach, ghrànda sin siùcar a thoirt dhut air 'n-asgaidh.
DOILIDH	Chan fhaic e 'n latha. No thusa leis.
	(*A' WHITE SETTLER a' tighinn a-steach, anns an aon dhòigh . . . cù nach eil sinn a' faicinn aice air iall, 's mar sin air adhart . . .*)
IAD UILE	(*am Beurla*) Good day . . . Urrm-hrmm . . . Fine day . . .
DOILIDH	(*ris a' W.S.*) Hallo . . . uh . . . Mistris Horseborrow . . .
MAIREAD	(*a' leughadh na loidhne a thug IAIN BEAG dhi, gun coimhead suas*) Excuse husband's English, Mrs Horsburgh . . .
FEARCHAR	(*ri IAIN BEAG*) Nise, leig seachad an cù . . . (*ris a' W.S.*) . . . I'm saying to him . . . yes . . . leave the dog . . .
	(*A' W.S., le gàire air a h-aodann: leig dha. IAIN BEAG, na sheasamh, a' slìobadh a' choin.*)
IAIN BEAG	Hallo, cù còir! (*a' coimhead suas ris a' W.S. A' W.S., leis an aon ghàire, a' crùbadh sìos, 's a' cantainn na chluais . . .*)
IAIN BEAG	(*a' slìobadh druim a' choin*) Hallo, Towser! Towser còir!
UILLEAM	(*ri FEARCHAR*) Dè seòrs' cù a chanadh tu a bh' ann?
FEARCHAR	Aig Dia tha fios.
SEUMAS	Tha nàdar a' bhulldog ann, co-dhiù.
UILLEAM	(*ri TORMOD*) 'N aire mus leum e air Sharp!
TORMOD	Cha bhiodh e fut, a bhalaich . . .
DOILIDH	(*ris a' W.S*) . . . Yas, yas . . . dè? . . . heathery hens? . . .

MAIREAD

Gabh a bhroinn an taigh, a-mach às mo shealladh, 's cuir air an coire. *(ris a' W.S.)* Yes, Mrs Horsburgh. Certainly, Mrs Horsburgh. I'll do that, Mrs Horsburgh.

(A' gabhail pàipear às a làimh. A' W.S. a' falbh a-mach)

IAD UILE

(am Beurla) Cheerio . . . urr-urrhm . . . goodbye . . .

(ISEABAL is ANNA a' tighinn a-steach. Tha iad a' coinneachadh na W.S. aig beulaibh na bùth. A' W.S. a' còmhradh riutha. A' chlann-nighean ag èisdeachd, 's a' gnogadh an cinn. A' chlann-nighean a' dol a-steach dhan a' bhùth)

ISEABAL

(ag èigheachd às dèidh a' W.S.) Very good, Mrs Horsburgh . . .

ANNA

(ag èigheachd às dèidh a' W.S.) . . . try my best, Mrs Horsburgh . . .

MAIREAD

Cò mu dheidhinn a bha siud?

ISEABAL

'G iarraidh orm a thighinn a ghlanadh an taigh dhi . . . dà latha anns an t-seachdain . . .

ANNA

'G iarraidh orms' a thighinn a choimhead às dèidh na cloinne dhi . . . sia latha anns an t-seachdain . . .

MAIREAD

(toirt a' phàipeir dha DOILIDH) Seo. Cuir siud air an uinneig. *(A' coimhead a h-uile taobh)* Dè rinn mi le loidhne Màiri?

DOILIDH

(coimhead ris a' phàipeir) Aon, dhà, trì, ceithir . . . dhuine bhochd! . . .

UILLEAM

Dè tha e 'g ràdh?

DOILIDH

(toirt a' phàipeir dha CALUM) Seo, 's leugh a-mach e. *(ri SEUMAS)* Cha tàinig mo ghlainneachan ùr fhathast.

27

CALUM	*(a' leughadh)* One. Goat's milk for sale. Apply, Taigh a' Ghlinne. Two. Local Crafts, Pottery and Knitwear. The Old Barn, Taigh a' Ghlinne. Three. Houseplants. Lettuce and Cabbage Plants. Annuals, Biennials. Cosy Nook Nurseries, Taigh-a'-Ghlinne. Four. Meeting, Womens' Guild. 8.30pm, Friday. Madeleine Horsburgh, President. Observer Corps. ATC Hut, 8pm, Friday. Victor Horsburgh, Team Leader.
DOILIDH	Woill, woill . . . *(coimhead ris a' phàipear)* Nach iad a tha trang . . .
MAIREAD	Sin ac' a bharrachd orts' . . . *(ri ISEABAL is ANNA)* Seadh, a chlann-nighean?
ISEABAL	Fichead Embassy. *(sanais)* Feuch nach innis thu dha mo mhàthair.
ANNA	'S ann a thàinig mise air tòir Iain Bhig . . . 'S messages Màiri. *(ri CALUM)* Hullo, a Chaluim.
MAIREAD	*(ri ISEABAL)* Càil a chòir agad a bhith smocaigeadh aig d' aois . . .
DOILIDH	*(ri CALUM)* Can hallo ris an nighean, 's i air hallo a chantainn riut.
CALUM	*(ri ANNA)* Hallo.
ANNA	*(ri CALUM)* Dol chun an danns a-nochd?
FEARCHAR	Nach eil fhios agad nach bi filidh a' dol gu danns is gòraich mar sin. Bàrd. *(stad ghoirid)* Thèid mise còmh' riut.
DOILIDH	*(ri ANNA)* Nach fhaighnich thu dha Uilleam eil e dol chun an danns . . .
ANNA	*(ri CALUM)* Bheil, ma-tha?
CALUM	Chan eil fhios a'm. 'S mait.

ANNA   Dol thoirt danns dhomh, ma thèid thu ann?

FEARCHAR   Bheir e barrachd air a sin dhut, Anna, mura bi thu air
                    d' fhaicill.

UILLEAM   Bàrd beadarach, buiceil. Mar a chanadh e fhèin.

DOILIDH   Woill, faodaidh sibhse sin . . . Ach fhuair sinn creic air fear
                    eile dha na leabhraichean aige. Cha robh fhios agaibh air
                    a siud.

MAIREAD   Fhuair. An fhìrinn a th' aige.

DOILIDH   Duine beag, cruinn, le ad, a thàinig a-mach à bhana —

MAIREAD   Architecturer.

FEARCHAR   Archaeologist.

DOILIDH   Chan eil fhios againn. Gàidhlig gu leòr aige co-dhiù.

MAIREAD   Bha, làn a chlaiginn.

DOILIDH   "Bàrdachd!" ars' esan. Agus cheannaich e fear.

MAIREAD   Seo a-nise dhuibh!

ANNA   *(a' falbh — ri CALUM)* Chì mi thu fhathast a-nochd, a-rèisd?

MAIREAD   Can rithe nach eil càil a chuimhne agam dè 'n còrr a
                    bh' air an loidhne . . .

ISEABAL   *(ri IAIN BEAG)* Tugainn. Eil thu dol a ghabhail mo làmh?

DOILIDH   *(ri UILLEAM)* Con nach eil thu 'g ràdh càil ris an nighean?
                    'S gaol a cridhe aice ort.

MAIREAD

Thia! Pacaid custard creams! 'N-dràsd a chuimhnich mi! *(dol fon a' chunntair, 's a' nochdadh le pacaid na làimh)* Seo, Iain Bhig. Siud leat dhachaigh gu Mamaidh.

(IAIN a' tighinn a-steach. Beagan deoch air)

IAIN

(a' seinn):

"Còig ceud is trì fichead
's a h-aonan 's a dhà —
's e siud àireamh na culaidh
's an taigh-chusbainn a h-ait' —"
(ri ISEABAL, a' tighinn a-mach) Hallo, m' eudail! Siuthad dhomh giosag!

ISEABAL

Dèan às, a bhuidhich!

IAIN

(ri ANNA, a' tighinn a-mach) Hallo, m' ulaidh! Siuthad dhomh pòg!

ANNA

Clìoraig, a cheàird!

(IAIN a' dol a-steach dhan a' bhùth)

IAIN

(a' seinn) "Ma ruigeas i leinne,
bidh fios anns gach àit'
gun sheas i ri blàr
's nach do dhìobair —"

FEARCHAR

'N urra dhut feadalaich?

IAIN

Ille, chan eil dìth sanasan air uinneag na bùth s' a-nis. *(stad ghoirid)* 'S ann leis tha 'n abhainn cuideachd.

UILLEAM

Cò leis?

IAIN

Horsburgh.

SEUMAS

Cò dh'innis sin dhut?

IAIN

Dh'innis e fhèin dha balaich bheag Dhonnchaidh. Bha iad ag iasgach an gluma na tràghad, 's thàinig Horsburgh far an robh iad 's thuirt e riutha gur ann leis-san a bha 'n abhainn, 's nach fhaodadh iad a bhith 'g iasgach innt', gun cead bhuaithesan, o seo a-mach.

SEUMAS

Uill . . . ach coma leamsa dhen a sin.

TORMOD

Dè 'n diofar?

UILLEAM

Fhuair e 'n apportionment eile a bha e 'g iarraidh, cuideachd.

IAIN

Nach robh fios agad gum faigheadh? Cha robh duine às a' bhaile s' a' dol a chur na aghaidh.

SEUMAS

Con a chuireadh?

UILLEAM

Ma, tha e glasadh rathad an fhuarain ort.

SEUMAS

Faodaidh mi dhol timcheall.

UILLEAM

H-abair astar a-mach às do shlighe àbhaisteach!

SEUMAS

Chan eil diofar leam.

UILLEAM

O, uill . . . mura h-eil . . .

TORMOD

Dè th' agads' an aghaidh Horsburgh, co-dhiù?

SEUMAS

Tha thusa 'n aghaidh duine sam bith a tha adhartach —

TORMOD

Tha feuchainn ri piseach a thoirt air an àit' —

SEUMAS

Son gur e Gall a th' ann —

TORMOD

Duine solt, modhail —

SEUMAS

Sin mar a fhuair mi fhìn a-riamh e.

TORMOD

'S mas ann leis tha 'n abhainn a-nis, dè mu dheidhinn? Bidh adhbharan fhèin aige airson sin.

SEUMAS

Dè ar gnothaich-ne?

IAIN	'N ann air a dhol bodhar a tha sibh? *Chan fhaod na balaich iasgach innt'!*
	(Stad)
SEUMAS	*(coiseachd sìos is suas)* Thàinig an duine far an robh mis', 's dh'fhaighnich e dhomh . . . gu math modhail . . . na chànan fhèin . . . am biodh diofar leam ged a dhùineadh e rathad an fhuarain? 'S fhreagair mis' e . . . na chànan fhèin . . . 's thuirt mi ris nach bitheadh. Diofar sam bith. *(stad)* "Where did you learn to speak English like that, Shamus?" dh'fhaighnich e dhomh, le gàire air aodann. "In the Army," arsa mise. *(stad)* Engineer!
FEARCHAR	'S nach eil e dol a chur crodh air an apportionment ùr? Nach eil e air crodh Gàidhealach a cheannachd?
UILLEAM	Croitear mòr a th' anns an duine!
IAIN	Chan fhaca mi shamhail!
FEARCHAR	Bearradh caoraich gun ar-chlòimh!
UILLEAM	Buain mòine anns an t-Sultain!
SEUMAS	*(an-fhoiseil, a' coiseachd sìos is suas)* Càil ceàrr air an duine . . .
TORMOD	*(ri IAIN)* Chan ann a' falbh le dhà làmh na phòcaid fad a bheath' . . . mar thusa . . . a tha Horsburgh idir.
SEUMAS	Srannail na leabaidh gu meadhan-latha.
DOILIDH	Agus . . . agus tha phàrantan air a thighinn a dh'fhuireachd dhan an eilean a-nis, an cuala sibh?
IAIN	Chuala.
DOILIDH	Thall an Uig. Cheannaich iad taigh-samhraidh bho Shasannach eile, thall an Uig.

UILLEAM	'S nach eil piuthar dhis' . . . 's an duine . . . shìos an sgìre? Toolpusher no rudeigin a th' anns an duine.
CALUM	Ship's Chandler.
UILLEAM	Rudeigin mar sin. *(tionndadh ri CALUM)* Dè fios a bh' agadsa? *(Air ais)* Tha iad air taigh 's lot Rob a cheannachd, shìos an sgìre.
DOILIDH	*(ri IAIN)* Cà robh thu fhèin ag òl nan gucagan cho tràth air an fheasgar?
IAIN	Shìos anns a' Chlub.
FEARCHAR	Càil às ùr shìos an sin an-diugh?
IAIN	Cha chuala mi fiach.
DOILIDH	Eil an Club sin fhathast a' dùnadh aig leth-uair an dèidh dhà?
IAIN	Tha.
UILLEAM	Tha bho riamh.
TORMOD	Ta, tha feasgar a' togail oirr' . . .
SEUMAS	Fhad 's a mhaireas i tioram . . .
	(TORMOD a' falbh)
IAIN	*(ag èigheachd às a dhèidh)* Cha robh thu air a sin a ràdh anns a' mhadainn an-diugh . . . eadar leth-uair an dèidh seachd is ochd . . .
TORMOD	*(aig beulaibh na bùth)* Sharp! Sharp!
IAIN	*(cur a ghàirdean mu amhaich CHALUIM)* Siuthad — thoir dhuinn pìos bàrdachd . . . *(togail leabhar bhon a' chunntair)* Mar am Bìoball. Mar a dh'fhosglas romhad.
CALUM	Och . . . dè? . . .

UILLEAM   *(ga bhualadh le bhonaid)* Siuthad! Gabh comhairl'!

CALUM   *(a' fosgladh an leabhair. Ga dhùnadh. A' coimhead ri IAIN, le gàire beag air aghaidh)*

Rachainn sìos, rachainn suas
Rachainn cuairt
dà uair
mu Chlach 'An Geàrr
gun càil ceàrr

Lùbadh an aghaidh na gaoith
mo dhruim
agus cùl mo chinn
Tha ròs ag abachadh
às an stàrr
Chan eil càil ceàrr
Anmoch a-nis, Iain
le do bhata 's do chù
a' mhòinteach rid chùl
's do shùil ri dachaigh.

(Stad)

IAIN   *(gàire)* Uill, bha siud . . . bha e . . . *(Stad)* Bha e . . . *(Stad)* *(gnuig a' tighinn air aghaidh)* Cò dha a sgrìobh thu siud?

FEARCHAR   *(ri IAIN)* Dè tha cur orts'? *(an uair sin, a' coimhead ri CALUM)* Tha e dol gu danns a-nochd.

DOILIDH   Bidh danns ann an sin.

(CAIRISTIONA 's MAIRI, le IAIN BEAG, a' nochdadh)

MAIRI   *(aig beulaibh na stèids)* . . . suas mo ghàirdean, a bhrònag, 's an uair sin dh'fhairich mi e a' gluasad sìos gu mo shlinnean . . .

(Iad a' dol a-steach dhan a' bhùth)

MAIRI

(ri IAIN BEAG) Nis, seas ann an sin 's na caraich. *(ri MAIREAD)* Cho math dhut Wagon Wheel a thoirt dha, a Mhairead. Mus tòisich e.

FEARCHAR

(cur IAIN BEAG na sheasamh le dhruim ri ursainn an dorais) Ach am faic sinn dè 'n àirde th' ann an-diugh. *(Cur a làmh air ceann IAIN BHIG, 's a cumail a chorrag ris a' phost)* Trobhad 's dèan làrach le do pheansail, a Chaluim *(CALUM a' dol a-null)* Seall air a sin! Dh'fhàs e leth-òirleach ann an seachdain!

SEUMAS

Chan e Iain Beag tha gu bhith againn air tuilleadh, ach Iain Mòr.

MAIRI

Tog am pàipear sin bhon an làr, 's thoir dha Mairead e. *(ri CAIRSTIONA)* Cha b'urrainn dhomh mo ghàirdean a charachadh seach sin fhèin . . .

MAIREAD

Siataig a th' ort. Tha sin a' tighinn air a h-uile duine . . .

IAIN

(ri IAIN BEAG) Dhomh gàmag!

IAIN BEAG

Chan fhaigh, ma-tha!

CAIRSTIONA

. . . agus pacaid de shòda an arain . . . agus pacaid de shòda an nighe . . .

UILLEAM

Ach tha uain mhath aige 'm bliadhna . . .

FEARCHAR

Aig Tormod? Ma tha, chan e 's na tha esan a' toirt dhaibh.

IAIN

(aig an uinneig) Seo e tilleadh. "Mi fhìn 's Sharp." *(TORMOD a' nochdadh. A' stad, 's a' coimhead gach taobh. A' leigeil fead ìosal. A' dol a-steach dhan a' bhùth)*

TORMOD

Feasgar math.

SEUMAS

. . . gu dearbh . . .

IAIN

Aidh . . .

FEARCHAR

Fhuair thu lorg airsan?

TORMOD

Fhuair. Aig Taigh a' Ghlinne. Saigh ghlas Horsburgh a' gabhail nan con.

(stad)

Ach ruith e orm a-rithist.

(stad)

Chan fhaca duine agaibh e?

SEUMAS

(aig an uinneig) Breacadh an rionnaich anns an adhar . . .

IAIN

"An giomach, an rionnach, 's an ròn — trì seòid a' chuain."

UILLEAM

(aig an doras) Cha chreid mi nach eil a' ghaoth air gluasad gun ear-dheas . . .

IAIN

"Nuair a thèid a' ghaoth air chall, iarr o deas i."

FEARCHAR

"'S cam a' ghaoth nach lìon seòl feareigin."

CALUM

"'S minig a bhios gaoth ann an caolanan falamh."

(MAIREAD a' toirt "giotsag" dha, mu chùl a chinn)

MAIREAD

Agus 's binn guth an eòin far am beirear e.

CALUM

(gun tionndadh) "Isean eadar dà bheinn, 's bidh e seinn gu 'm bàsaich e."

UILLEAM

(aig an doras) Seallaibh air bò Ghàidhealach Horsburgh, ag ionaltradh anns na dìgean.

IAIN

"A' bhò as sgàrdaich air a' bhuaile, 's i 's àirde nuallan."

FEARCHAR

"Mar bò chaol a' tighinn gu doras, sìneadh anns an fheasgar earraich."

(H-uile duine aca a' coimhead ri CALUM, 's a' feitheamh)

CALUM	"Leig bò braim ann am broinn peile-sinc."
	(H-uile duine a' gàireachdainn — na boireannaich cuideachd)
UILLEAM	*(a' bualadh CHALUIM le bhonaid)* Dè ghàireachdainn a th' orts', bàrd a' bhaile?
	(Am meadhan na gàireachdainn, tha a' WHITE SETTLER a' tighinn a-steach. Anns an aon dòigh — cù mòr, nach eil sinn a' faicinn, aice air iall. Tha i a' dol a-steach dhan a' bhùth. A' ghàireachdainn a' stad)
IAD UILE	*(am Beurla)* Hullo . . . uhrr-urr . . . good afternoon . . .
IAIN	Halloo, Madeleine.
	(A' W.S. a' tionndadh ris. Gàire reòitht' air a h-aodann)
DOILIDH	*(ris a' W.S.)* Yas, yas . . . good day, Madeleine . . .
MAIRI	*(ri IAIN BEAG)* Air do bheatha bhuan, na sruc anns a' chù sin . . . *(ris a' W.S.)* I'm warning him . . . don't touch the dog . . .
	(A' W.S. leis a' ghàire air a h-aodann: leig dha)
IAIN BEAG	*(a' clapadh a' choin — a làmh cho àrd ri mhaol)* Hallo! Cu mòr còir!
	(A' coimhead suas ris a' W.S. A' W.S., leis an aon ghàire, a' crùbadh sìos, 's ag innse dha —)
IAIN BEAG	Hallo, Rex! Rex mòr còir!
UILLEAM	*(ri FEARCHAR)* Dè seòrs' cù a th' ann?
FEARCHAR	Nach e Alsatian?
UILLEAM	*(ri SEUMAS)* An e?
SEUMAS	Coltas an Alsatian air, co-dhiù.

UILLEAM   'N aire ort fhèin, Iain Bhig. Mus toir e làmh dhiot.

DOILIDH   *(ris a' W.S.)* . . . Yas, yas . . . cà 'n tuirt thu? . . . na Magairlean straits? . . .

MAIREAD   Dè nis a tha thu cur cam? . . . *(ris a' W.S.)* . . . Yes, Madeleine? . . . don't listen to him . . . *(ag èisdeachd)* . . . Yes. Yes, of course. Yes . . . *(a' gabhail pàipear às a làimh. A' W.S. a' falbh)*

IAD UILE   *(am Beurla)* Goodbye . . . urr . . . cheerio . . .

IAIN   *(ag èigheachd às a dèidh)* Cheerie an-dràsd, Madeleine.

MAIREAD   *(toirt a' phàipeir dha DOILIDH)* Tha i 'g ràdh ruinn siud a chur air an uinneig.

DOILIDH   'N tuirt i 'n fheadhainn eile thoirt sìos?

MAIREAD   Cha dubhairt.

DOILIDH   Woill, woill . . . *(coimhead ris a' phàipeir)* . . . aon, dhà, trì, ceithir . . . a dhuine thruaighe . . .

UILLEAM   Dè tha iad ag ràdh?

DOILIDH   *(a' cur glainneachan trom, ùr air)* Innsidh mise sin dhuibh . . . cha toir sin fada . . . uh . . . uh . . . Cha dèan mi mach an sgrìobhadh aice . . . *(toirt a' phàipeir dha CALUM)* Leughaidh am bàrd e.

CALUM   *(a' leughadh)* Yoghurt, home-made carrickeen. Duck eggs, cabbages, leeks, Brussels sprouts . . . Maddy's Farm, Taigh a' Ghlinne.

FEARCHAR   'N e siud One?

CALUM   Siud One. Agus seo Two. *(a' leughadh)* Gonks. Tams and Toories. The New Barn, Taigh a' Ghlinne . . . 'N dèan siud a' chùis an-dràsd?

UILLEAM   Cum ort!

CALUM   *(a' leughadh)* Three. Parent-Teachers' Association, Tuesday,
                 8.30. Madeleine Horsburgh, President. Brownies, 7 pm,
                 Madeleine Horsburgh, Brown Owl. Four. Grazings
                 Committee Meeting. The Front Lounge, Taigh a' Ghlinne,
                 Wednesday. Victor Horsburgh, Clerk.

DOILIDH   Seadh, seadh . . . Ochan 's a ghràidh . . . *(dol a-null 's a'*
                 steigeadh a' phàipeir air an uinneig. Tha 'n uinneag a-nis
                 làn shanasan)

SEUMAS   Diciadain? Dè 'n uair?

TORMOD   Dè 'n uair Diciadain, a Dhoilidh — eil e 'g ràdh air an
                 t-sanas?

DOILIDH   Uh . . .

CALUM   Ochd uairean.

DOILIDH   'S ann. *(ri CALUM)* Bha mi dìreach a' dol a gh'ràdh sin.

IAIN   Dè th' air an teilidh eadar ochd 's a naoi Diciadain sa tighinn?

MAIREAD   Dallas.

FEARCHAR   Sin awroight, a-rèisd.

CAIRSTIONA   Cha chaillinn fhìn Dallas son rud sam bith.

MAIRI   Faca tu Sue Ellen an t-seachdain a chaidh? . . . nuair a thuirt
                 JR rithe . . .

MAIREAD   'S nuair a bha Cliff bochd air a' fòn . . .

CAIRSTIONA   Ach ron a sin . . . b'fheudar dha Miss Ellie a dhol air a
                 casan . . .

FEARCHAR   Tighinn dhachaigh à Airnis a-raoir, theab mi bò leis a
                 bhualadh leis a' chàr, aig ceann na sràid. Cha robh càil ann.

IAIN	Le Horsburgh?
FEARCHAR	Cò leis eile? Na seasamh an teis-meadhan an rathaid.
UILLEAM	Faca sibh 'n crodh aige? Bruidhinn air crodh chaol Phàro . . .
FEARCHAR	Chuir i fhèin fios air a' bheat o chionn ceala-deug . . . na cearcan a' tuiteam oirr' right, left and centre, le galar air choreigin . . .
UILLEAM	I fhèin a bha gan tachdadh, le taois ro theth . . .
DOILIDH	Woill, woill . . . chan eil fhios againn . . .
SEUMAS	Soirbhichidh leotha, an dèidh sin . . .
UILLEAM	'S ann air feusgain tha dùil aige tòiseachadh an-dràsd, chuala mi.
FEARCHAR	'S ann. Fhuair e grant.
SEUMAS	Fhuair 's son an eathair a th' aige.
TORMOD	Fhuair 's son an tractair ùir.
UILLEAM	'S an taigh-bìdh a tha iad a' togail air cùl an taigh. Fhuair iad grant son sin cuideachd.
	(Stad)
SEUMAS	Ach tha e dèanamh math le na bradain. Feumaidh tu sin aideachadh.
UILLEAM	'S e gille mo ghnothaich a th' ann.
SEUMAS	Seo bu choireach gun robh e 'g iarraidh na h-aibhne. *(le guth searbh)* Engineer Sasannach, a nàbaidh!
MAIRI	Dhan an leabhar e, a Mhairead. *(ri IAIN BEAG)* Trobhad dhachaigh ann an seo . . . Seall air do làmhan le teoclaid! Bheir mis' ort!

CAIRSTIONA   *(ri FEARCHAR)* Greas thus' ort dhachaigh gu do theath' . . .
Na do stàc ann an sin, fad an latha!

(Tha iad a' falbh)

DOILIDH   *(ris fhèin)* . . . dhan an leabhar e . . .

CAIRSTIONA   *(ri MAIRI, anns an dol-a-mach)* . . . thuirt Vera an uair sin
ri Jack . . . bha iad anns na Rovers . . . gun fhios aic' gu
robh màthair Gail . . . Audrey . . . ag èisdeachd ris a h-uile
facal . . .

TORMOD   *(ri MAIREAD)* Dhomh poc dhen an Doggymix tha sin dha
Sharp. Gun fhios nach till e.

MAIREAD   *(guth ìosal)* Agus dè mar a tha sibh staigh a-nochd?

TORMOD   *(guth ìosal)* 'N aon dòigh . . .

MAIREAD   O, 's math sin . . .

TORMOD   Chan eil nas mios . . .

MAIREAD   Sin a h-uile rud . . .

              (TORMOD a' togail an Doggymix. Dol chun an dorais)

MAIREAD   *(às a dhèidh)* Can rithe gun robh mise a' faighneachd mu
deidhinn . . .

TORMOD   *(a' tionndadh aig an doras)* Bha duine ann an Inbhir
Pheofharain no 'n àiteigin . . . 's dh'fhalbh an cù airson
mìosan . . . 's bha e air chall son mìosan. *(Stad)* Ach thill e.

              *(Tha e dol a-mach. IAIN BEAG a' tighinn a-steach. Tha
              TORMOD a' cur stad air)*

TORMOD   Thuirt mi ri Sharp . . . bha e air a' bhòrd . . . 's thuirt mi
ris . . . "Laigh sìos fon a' bheing!" 'S chaidh e ann! Ghabh
e mo chomhairl'!

              (IAIN BEAG a' dol a-steach dhan a' bhùth)

	(TORMOD, aig oir na stèids, a' coimhead timcheall)
TORMOD	*(Guth ìosal)* Sharp? *(Tha e falbh)*
IAIN BEAG	*(ri MAIREAD)* Loidhne bho Mamaidh. *(Toirt na loidhne dha MAIREAD)*
FEARCHAR	Seallaibh air Iain Beag!
UILLEAM	Ag iarraidh tofaidh-bò air a' bhodach ghrànda.
DOILIDH	*(a' leughadh a' phàipeir)* . . . 'g iarraidh rud nach fhaigh e . . .
IAIN	*(ri CALUM)* Mu mo dheidhinn-s' a bha 'n t-amhran ud. A leugh thu. Nach ann?
	(E suidhe air cuibhle-ròp aig ceann a' chunntair, a làmh fo ghèillean, a' meòrachadh)
MAIREAD	*(leis an loidhne na làimh)* Cà'il na lentils?
DOILIDH	*(a' leughadh)* . . . càil a dh'fhios a'm . . .
MAIREAD	Chan fhaigh mi lorg air nì a dh'òrdaich sealbh anns a' bhùth s' . . .
	(A' WHITE SETTLER a' nochdadh aig oir na stèids . . . cù mòr ga slaodadh . . . grèim aice air an iall le dà làmh. Tha 'm beathach ga slaodadh a-steach dhan a' bhùth, 's a' feuchainn suas air a' chunntair. DOILIDH is MAIREAD a' leum air ais. H-uile duin' eile a' teicheadh gu dàrna ceann a' chunntair ach IAIN BEAG)
DOILIDH	Laigh sìos! Teich bhon a' chunntair!
	(A' W.S. a' tarraing air an iall, 's a' slaodadh a' bheathaich air ais sìos. A' trod ris a' bheathach. A' toirt air suidhe. IAIN BEAG a' cur a làmh a-mach . . . mì-chinnteach . . .)
FEARCHAR	Iain Bhig! Na sruc ann!
	(IAIN BEAG a' coimhead ris a' W.S. A' W.S., leis a' ghàire air a h-aodann, a' crùbadh sìos, 's ag innse dha —)

IAIN BEAG	*(a làmh shuas os a chionn, 's na sheasamh air barran a bhrògan, a' clapadh a' bheathaich)* Hallo, Wolfgang! *(toirt a làmh sìos le cabhag, 's a' tòiseachadh a' rànail)*
IAIN BEAG	Aaaah! . . . bhìd e mi! . . .
FEARCHAR	Thig a-nall an seo! *(IAIN BEAG a' ruith a-null thuige.)* Nach duirt mi riut gun srucadh ann!
	(A' W.S. a' trod ris a' chù mhòr. A' stampadh a cas)
SEUMAS	*(a' coimhead ri làmh IAIN BHIG)* Trobhad ach an sèid mi oirre. 'S gun dèan mi nas fheàrr i. *(a' gabhail grèim air làmh IAIN BHIG)* Trì lùth latha *(sèid)* Trì latha luain *(sèid)* Trì caoranan mònach *(sèid)* Trì fòidean guail *(sèid)* 'S bidh i slàn mus pòs thu.
	(IAIN BEAG a' sgur a rànail)
UILLEAM	Dè seòrs' fial-chù a tha sin, Fhearchair?
FEARCHAR	Aig Dia tha fios . . .
UILLEAM	Chan fhiach an t-sùil a th' ann . . .
	(A' W.S. a' toirt pàipear dha MAIREAD. MAIREAD a' gabhail a' phàipeir bhuaipe, 's a' gnogadh a cinn)
IAIN	*(a' seasamh)* Mu mo dheidhinn-s' a bha 'n t-amhran ud a rinn e. 'S cha robh e idir anns an leabhar.
	(A' W.S. a' falbh mar a thàinig i . . . dà làmh air an iall, etc)
IAIN	A' magadh orms' a bha e anns an amhran ud a rinn e, a Dholaidh.

(Tha e tionndadh a-mach coilear a lèine. A' dùnadh suas a' bhoilarsuit. A' togail lùib nam bòtannan. A chruth air atharrachadh. Aodann 's guth cruaidh)

IAIN

(ri CALUM) Ach tha do latha fhèin a' feitheamh orts' . . . 'S chan eil cho fada thuige. Mur eil mis' air mo mhealladh. Tha d' fheasgar a' ciaradh. Cha chan mis' ach sin.

(dol chun an dorais le ceumannan dìreach. Cur a làmh air ceann IAIN BHIG)

Balach beag leis a' Chruithfhear. Feuch gum bi thu 'g ràdh d' ùrnaigh.

(E falbh a-mach)

Chan e seo baile mhaireas . . . mar phelican an fhàsaich mi . . .

SEUMAS

(ri IAIN BEAG) Trobhad a-nis, 's gun toir mi fhìn dhachaigh thu.

DOILIDH

(ri IAIN BEAG) Seo. Siud siùcar dhut.

(SEUMAS a' falbh le IAIN BEAG air làimh. Aig beulaibh na stèids, tha iad a' coinneachadh THORMOID. Tha e air a shubhailcean a chall)

TORMOD

Chan fhaca sibh Sharp an àite sam bith?

SEUMAS

(caiseach) Chan fhac'!

TORMOD

Sharp! Cà bheil thu?

(E cur caran, 's a' falbh)

(MAIREAD a' leughadh an t-sanas. A' toirt a' phàipeir dha DOILIDH, gun dùrd a ràdh. DOILIDH a' cur nan glainneachan trom air. Gan toirt dheth. A' toirt a' phàipeir dha CALUM, gun dùrd a ràdh)

CALUM

(a' leughadh) To whom it may concern. Anyone found trespassing henceforth on any of my private properties — to wit, Taigh a' Ghlinne and Environs, Aird Mhòr, Am Mullach Mòr, and from Aird a' Mhorain to the river boundaries, inclusive, will be most vigorously prosecuted. Signed on behalf of Horsburgh Enterprises . . . le ainm luchd-lagha . . .

(Stad)

DOILIDH

Woill, woill . . . Agus dè tha siud, vigorously?

MAIREAD

Rud nach eil thusa, 's nach robh thu, 's nach bi thu!

FEARCHAR

Ud ud, a Mhairead! 'S iongantach mura robh, uaireigin?

MAIREAD

Isd dheth!

(Tha CALUM a' dol a-null chun na h-uinneig, 's a' toirt an t-sanas aige fhèin sìos. Ga rolaigeadh suas, 's ga cur na phòcaid. A' cur sanas Horsburgh air an uinneig. A' togail nan leabhraichean bhon a' chunntair, 's gan cur fo achlais. A' seasamh, le cheann crom, am meadhan na stèids)

FEARCHAR

Dè mu dheidhinn a dhol sìos dhan a' Chlub son dhà no thrì, a h-uile duine th' againn ann?

UILLEAM

'M bi e fosgailt'?

FEARCHAR

Tha e às dèidh còig.

UILLEAM

Tugainn, a-rèisd.

DOILIDH

Eil sibh a' toirt leibh a' bhàird?

UILLEAM

Tha gu dearbh!

FEARCHAR

Cha bhiodh sinn às aonais.

(Tha iad a' falbh a-mach. A' stad aig an uinneig, a tha dubh le sanasan. Gan leughadh, gun smid a ràdh. A' falbh)

(DOILIDH a' leughadh a' phàipeir-naidheachd. MAIREAD na seasamh, mar gum biodh i a' feitheamh ri rudeigin)

MAIREAD Tha mi sgìth dha mo bheath'! . . . sgìth dha mo bheath'! . . .

(DOILIDH a' cumail a' phàipeir suas rithe, 's a' crathadh a chinn)

DOILIDH Woill, eil fhios agad an-dràsd air a seo? . . . chan eil fhios agams', an-dràsd, cò thuige tha 'n saoghal a' tighinn . . .

(MAIREAD na seasamh, mar gum biodh i feitheamh)

(A' WHITE SETTLER a' nochdadh. Basgaid air a gàirdean. Tha i dol a-steach dhan a' bhùth. MAIREAD a' putadh DHOILIDH. DOILIDH a' rolaigeadh suas a' phàipeir. Ga chur fo achlais. MAIREAD is DOILIDH a' tighinn timcheall a' chunntair. A' dol a-mach às a' bhùth. A' White Settler gan leantainn a-mach. A' cur stad oirre aig a doras. A' cur a làmh air gàirdean DHOILIDH. MAIREAD a' putadh DHOILIDH. DOILIDH a' gabhail grèim air a' phàipear-naidheachd le làmh chlì, 's ga thoirt a-mach à achlais. A' togail a ghàirdean. A' White Settler a' toirt sìos na soighne os cionn an dorais, 's ga cur fo achlais dheas DHOILIDH. MAIREAD a' toirt a' phàipeir bho DHOILIDH. Tha iad a' falbh)

(A' WHITE SETTLER a' dol air ais a-steach dhan a' bhùth, 's gu cùl a' chunntair. A' seasamh ann an sin, 's a' coimhead timcheall. Gàire air a h-aghaidh. Dol a-null chun na h-uinneig, 's a' toirt dhith nan sanasan gu lèir. Dol air ais gu cùl a' chunntair. Na seasamh a' coimhead a-mach. Gàire air a h-aghaidh)

(Tha i tòiseachadh a' toirt gonks, bonaidean tartain, sgarfaichean etc às a' bhasgaid, 's gan cur air a' chunntair mar "display". Nuair sin, mar gum biodh i faicinn daoine aig doras na bùth, tha i sgur dha h-obair. Gàire mòr a' tighinn air a h-aodann.)

A' WHITE
SETTLER

Oh hello! How nice to see you!

(le làmh gu cliathaich a beòil)

"Kimmer a hah oo." As they used to say here, once upon a time.

A' HOME BREW

PEIGI

ALASDAIR

DOMHNALL

Ceòl: Am Brolum, air a chluich le HOM BRU à Sealtainn.

Am brat a' fosgladh.

Broinn sabhail. Tòrr treallaich air fheadh.

Bòrd am meadhan na stèids, ris a' bhalla. Stòl ri taobh a' bhùird. Tha 'm bòrd, 's fon a' bhòrd, làn bhotail de gach seòrs' is cumadh — fìon, leann, lemonade etc. Botail phlastaig, botail ghlainne. Leatha fhèin, am meadhan na stèids, 's aig a beulaibh, tha baraille bheag phlastaig, anns na chleachd cider a bhith.

Doras taobh na stèids, air an làimh cheart.

Aig toiseach an dealbh-chluich, tha PEIGI, leatha fhèin, na suidhe air stòl bheag, thrì-chasach aig beulaibh a' bhùird. Tha muga tiona aice na làimh, agus tha i 'g òl deoch às. Tha botal, fosgailt, air an làr ri taobh. Tha i cur sìos a' mhuga air a' bhòrd, a' suathadh a beòil, 's a' leigeil brùchd. Gàire beag air a h-aodann. Beannag air a ceann, overall nylon, 's bòtannan. Tha i lìonadh a' mhuga tiona bhon a' bhotal, 's ag òl deoch eile. A' stad 's ag èisdeachd — am muga fhathast ri beul. Nuair sin, le cabhag, tha i cur na th' air fhàgail anns a' mhuga air a ceann a' suathadh a beòil — a' leigeil brùchd eile — a' cur a' chinn air ais dhan a' bhotal, 's ga fhalach a-staigh fon a' bhòrd, air cùl chàich. A' seasamh, le osann, a' crochadh a' mhuga tiona air tarrag, a' dol gu taobh eile a' bhùird, 's a' tòiseachadh a' lorg rudeigin am broinn ciste bheag a th' ann an sin, air an làr.

Tha 'n doras a' fosgladh. ALASDAIR a' nochdadh.

ALASDAIR   *(Ri duineigin tha tighinn air a chùlaibh)* Trobhad a-steach, a Dhòmhnaill.

DOMHNALL   *(a cheann anns an doras)* Cà'il e agad?

ALASDAIR   Staigh an seo. 'N air' air do chas air an leac —

DOMHNALL	Aobh!
ALASDAIR	'N air' air do cheann air an àrd-doras cuideachd . . .
	(PEIGI a' leigeil brùchd)
ALASDAIR	*(gun tionndadh)* Chuala mi do ghuth sa ghàrradh.
DOMHNALL	*(a' crùbadh sìos)* Hallo, a Pheigi.
PEIGI	'S ann a tha mi . . . *(a' sporghail)* . . . a' lorg . . .
ALASDAIR	*(gun tionndadh)* Na innis dhomh. Leig dhomh tomhais . . . Tarraigean fealt?
PEIGI	*(a' sporghail)* . . . Cà na chuir mi iad?
ALASDAIR	Piontagan?
PEIGI	*(ga dèanamh fhèin dìreach)* Chan eil sgeul orr'! *(làmh ri druim)* Obh, obh! *(làmh gu beul . . . brùchd eile)* Oich, oich!
ALASDAIR	Dè bha thu 'g òl?
PEIGI	'N e mise, bhalaich? Cha robh mise 'g òl càil! Dè bha mise gu bhith 'g òl? *(cur a làmh gu beul)* Pressure a th' orm. Thig e ortsa cuideachd, nuair a ruigeas tu m' aois-sa. Cha bhi thu cho bragail an latha sin.
	(Cur a làmh gu beul a-rithist, 's a' feuchainn ri brùchd eile a dhèanamh. Chan eil càil a' tighinn a-mach)
	Pressure!
	(Tha i toirt sùil fhiadhaich air ALASDAIR, a' dol a-mach air an doras, 's a' dùnadh an dorais às a dèidh le clab)
DOMHNALL	*(na sheasamh a' coimhead ri na botail)* Dhuine bhochd! Cò mheud galan a rinn thu?

ALASDAIR	Còig. Dà fhichead pinnt . . . Eisd! *(Dol a-null chun an dorais, 's a' cur a chluais ris. Nuair sin a' tilleadh chun a' bhùird, a' suidhe air an stòl, 's a' cantainn ann an seanais —)* Pressure? Chan e no pressure.
DOMHNALL	Cò? Peigi?
ALASDAIR	*(seanais)* Eisd! Chan e ach na tha i 'g òl dhen a' home brew. Tha i thuige mar an rodan. *(ann an guth àrd, nàdarrach . . . a' coimhead ris an doras fhad 's a tha e bruidhinn)* 'S i bha ga dhèanamh còmh' rium, na dh'innis mi dhut? 'S i ghoil na praisean bùrn teth. A chuir an siùcar geal na cheann, ceithir puinnd . . .
DOMHNALL	*(a' coimhead timcheall)* Cà 'n suidh mi?
ALASDAIR	'N àite sam bith. Teich am poca-clòimh sin . . . Sìn sìos na tiomalairean.
DOMHNALL	*(toirt dà thiomalair bho sgeilp)* Eil iad glan?
ALASDAIR	Glan gu leòr.
DOMHNALL	*(cur a' chiad ghlainne fo shròin)* Cha chreid mi nach robh bruisean peant no rudeigin anns a' ghlainne sa. Turps no rudeigin . . .
ALASDAIR	Ma bha, 's fhada bhon uair sin . . . *(a' toirt na glainne às a làimh)*
DOMHNALL	*(cumail an dàrna glainne suas ris an t-solas)* 'S tha lìon spaidhdeir anns an tè s'.
ALASDAIR	Null an seo i. *(A' sèideadh dhan an tiomalair; ga ghlanadh na bhroinn an uairsin le òrdagan)* Fuirich a-nis. Ach an lìon mi glainne dhut.

(A' fosgladh botal)

Feumaidh tu bhith gu math faiceallach ga thaomadh, eil thu mothachadh? . . . Tha e mar a bha na seann bhotail Bass is Worthington . . . tòrr salchair air tòin a' bhotail . . . *(toirt an tiomalair dha DOMHNALL)* Seo a-nis!

(Tha DOMHNALL a' togail na glainne gu bheul. A' stad. Ga cur sìos. A' cumail na glainne suas ri solas na h-uinneig. A' togail na glainne suas gu bheul a-rithist. A' stad. A' cur na glainne sìos.)

ALASDAIR — Siuthad! Feuch e!

DOMHNALL — Eil thu fhèin a' dol a ghabhail tè idir?

ALASDAIR — Ma, tha mi 'n dùil!

DOMHNALL — Con nach eil thu ga lìonadh, ma-tha?

ALASDAIR — Lìonaidh, a-rèisd.

DOMHNALL — Siuthad, ma-tha.

(ALASDAIR a' fosgladh botal eile. A' lìonadh na glainne etc)

ALASDAIR — Eil thu faicinn? Cho faiceallach 's a dh'fheumas tu bhith? . . . *(A' coimhead ri glainne DHOMHNAILL, 's e fhathast gun deur òl aist')* . . . Faodaidh tu balgam a ghabhail, eil fhios agad? Cha leig thu leas feitheamh riumsa.

DOMHNALL — Càil a chabhag . . .

ALASDAIR — Gabh balgam ma tha thu 'g iarraidh . . .

DOMHNALL — Ann an diog . . .

(ALASDAIR a' lìonadh a ghlainne fhèin gu bàrr. A' stad)

ALASDAIR — Ceart, ma-tha. Do dheagh shlàint'!

DOMHNALL — Slàint'!

(Iad a' togail nan glainneachan. A' stad. A' coimhead ri chèile)

ALASDAIR   Slàint', a-rithist!

DOMHNALL   Slàinte!

(Stad)

ALASDAIR   Siuthad, ma-tha.

DOMHNALL   Siuthad fhèin.

(Stad)

ALASDAIR   Slàinte, ma-tha.

DOMHNALL   Slàinte.

(An dithis a' gabhail balgam còmhla. A' coimhead ri chèile, os cionn nan glainneachan. A' slugadh còmhla. A' stad. A' cur sìos nan gloinneachan. A' coimhead ri chèile. Gàire a' tighinn air aodann an dithis. A' togail nan glainneachan. Ag òl còmhla. A' stad)

ALASDAIR   Dè do bheachd?

DOMHNALL   *(guth làn iongnaidh)* Uill, ille . . . eil fhios agad air a seo? . . .

ALASDAIR   Math, dè?

DOMHNALL   Math? . . . *(chan fhaigh e lorg air na facail)*

ALASDAIR   Nach duirt mi riut!

DOMHNALL   *(crathadh a chinn)* . . . eil fhios agad an-dràsd air a seo? . . .

ALASDAIR   *(ga phutadh)* Ta, cha robh thu cinnteach an toiseach . . . dè? . . .

DOMHNALL   Uill . . . tuigidh tu fhèin . . .

ALASDAIR   Dh'aithnich mi ort.

DOMHNALL   Uill . . . eil fhios agad? . . .

ALASDAIR   Thuirt mi rium fhìn: Chan eil e cinnteach.

DOMHNALL   Uill, ach dè fios a bh' agams' nach e 'n dearg phuinnsean a bha thu tabhachd orm . . .

ALASDAIR   Gabh balgam eile — siuthad. *(DOMHNALL ag òl)* Math, dè?

DOMHNALL   Math? *(a' crathadh a chinn)* Ille, tha e . . . tha e toirt nan deòir gu mo shùilean . . .

(An dithis ag òl. A' stad. A' cumail nan glainneachan suas ris an t-solas, etc)

ALASDAIR   Coltach ri lager, saoilidh mi . . .

DOMHNALL   Mmmm . . . *(gabhail balgam beag)* . . . ach tha na h-uiread de . . . stad ort . . .

ALASDAIR   MacEwans a bha thu dol a ràdh, nach e?

DOMHNALL   Mmmm . . . Ach cuideachd tha mi faighinn oir dhen an Tartan Special . . . Mmmm . . .

ALASDAIR   Anns an t-slugadh? *(a' gabhail balgam)* Chan eil thu fada ceàrr!

DOMHNALL   Dh'fhaodainn a bhith ceàrr . . . ach saoilidh mi . . . no 'n e Double Diamond? . . . dè? . . .

ALASDAIR   Air bàrr na teanga? *(gabhail balgam eile)* Chan eil mi 'g ràdh nach eil thu ceart!

DOMHNALL   'S aig cùl nan cuinnlean? . . . Mmmm? . . .

ALASDAIR   Ah!

DOMHNALL	Eil mi ceart no ceàrr?
ALASDAIR	Tennants?
DOMHNALL	Faisg . . . tha thu faisg . . .
ALASDAIR	*(gabhail balgam)* Bass?
DOMHNALL	Sin e!
ALASDAIR	*(gabhail balgam)* Gu math coltach . . . *(a' sgoladh a bheòil leis an leann . . . a' slugadh)* . . . Mmmm . . .
	(Stad)
DOMHNALL	*(cumail na glainne suas)* Nach e tha dol flat luath?
ALASDAIR	Sin ag innse dhut gur e leann nàdarrach a th' ann.
DOMHNALL	Chan eil e gleidheadh a' chop idir.
ALASDAIR	Sin ag innse dhut cho làidir 's a tha e. A' bhrìgh a th' ann! An neart a th' ann!
DOMHNALL	Slàinte mhòr!
ALASDAIR	Do dheagh shlàint'!
	(An dithis ag òl. A' stad)
ALASDAIR	Na hops tha cur na brìgh sin ann.
DOMHNALL	Na hops? *(stad ghoirid)* Dè tha sin, hops?
ALASDAIR	Hops? Uill . . . 's e seòrs' de lus . . .
DOMHNALL	Lus?
ALASDAIR	'S e. *(stad ghoirid)* Seòrs' de lus.
DOMHNALL	Mar lus-na-Fraing?

ALASDAIR	Chan ann ach . . . uaine . . .
DOMHNALL	Mar lus-na-laoigh?
ALASDAIR	Chan ann ach . . . planntraisg bheag uaine. Mar meann. Tha i fàs an tòin Shasainn. An Kent.
DOMHNALL	Kent? Tòin Shasainn?
ALASDAIR	Sin far a bheil i fàs.
DOMHNALL	Nach ann shìos an sin a tha Tormod Tìmon? An Kent?
ALASDAIR	Chan ann. Tha Tormod Tìmon an Tooting. Tooting Bec.
DOMHNALL	Dùil a'm gur ann shìos an Kent a bha e.
ALASDAIR	'S ann a bha e. An Kent. Ach tha e 'n-diugh air ais an Tooting.
DOMHNALL	Fìor dhuine a th' ann an Tormod Tìmon.
ALASDAIR	Duine air leth.
DOMHNALL	'S e chòrdadh ris a bhith na shuidhe an seo an-dràsd . . . còmhla ruinn . . . dè? . . .
ALASDAIR	Cò? Tormod Tìmon? 'S ann ris a chòrdadh e.
DOMHNALL	Fìor dhuine!
ALASDAIR	Duine air leth!
	(ALASDAIR a' fosgladh dà bhotal eile. Toirt fear dha DOMHNALL)
ALASDAIR	Ma chumas tu lìonadh na glainne bhon a' screwtop . . . eadar gach balgam . . . cumaidh sin cop air . . .
DOMHNALL	Stuth math a th' ann. Cop ann no às.

ALASDAIR	'S e. Thionndaidh e mach math.
DOMHNALL	Math dha-rìribh.
ALASDAIR	Math. Agus làidir.
DOMHNALL	Math. Agus math dhut.
ALASDAIR	Agus buileach math as dèidh obair an latha.

(An dithis ag òl)

ALASDAIR	Cò mheud lod a bha siud an-diugh, na chunnt duine?
DOMHNALL	Bha ceithir tractaran deug, slàn. Agus bloigh.
ALASDAIR	Bhuain mi tòrr mòine 'm bliadhna. Nach b' fheudar sin dhomh, as dèidh na bliadhna 'n-uiridh . . .?
DOMHNALL	Bhris thu mach dà pholl ùr, mhothaich mi.
ALASDAIR	Bhris. Rinn mi sin.
DOMHNALL	Air taobh sear na Lèig?
ALASDAIR	'S ann. Thuirt mi rium fhìn: "Daingit!" thuirt mi rium fhìn. "Tha cheart cho math dhomh."
DOMHNALL	'S e rud tha cur iongnadh orms' . . . 's air a' chòrr dhen a' bhaile . . . gun leig Iain Thòmais dhut a dhol sìos tron an aflar aige.
ALASDAIR	Cà 'n deach mi sìos tron an aflar aige?
DOMHNALL	Far na bhuain thu na puill ùr. 'S ann tro aflar Iain Thòmais a bhuain thu iad.
ALASDAIR	Cò thuirt sin riut?
DOMHNALL	Tha fios aig a h-uile duine anns a' bhaile gur e mòine Iain Thòmais a tha sear air an Lèig.

ALASDAIR

Ta, sin far a bheil thusa 's a h-uile duine anns a' bhaile fada ceàrr. Tha roinn dhith . . . eadar Bun na Lèig 's an sruthan beag . . . leinne, leis an teaghlach againne. 'S bha bho riamh.

DOMHNALL

Tha mi far an cuala mi e.

ALASDAIR

Chuala tu nis e.

(An dithis ag òl)

DOMHNALL

Mà . . .

ALASDAIR

Dè?

DOMHNALL

Mà, 's e muinntir Thòmais . . . bho 's cuimhne le daoine . . . a bha buain mòine ann.

ALASDAIR

'S e. Ach cha robh càil a chòir aca. Sin an rud a tha mi feuchainn ri innse dhut. *(cur a làmh a-mach; na corragan sgiabte)* An dèidh a' chiad chogadh, nuair a thàinig Tòmas le theaghlach an toiseach . . . na squattars . . . dhan a' bhaile seo . . . fhuair iad blàr mònach bhon a' bhaile, anns an Lèig, sear air an t-sruthan gu Lòn na Bà Riabhaich. Ach an cois sin, thug Dòmhnall bràth'r mo sheanar-sa dhaibh . . . gum faigheadh iad air an casan . . . na puill a bhuineadh dhan an teaghlach againn fhìn, siar air an t-sruthan bheag, bho Bun na Lèig. Sin bu choireach gun robh iad a' buain ann. Ach 's ann leinne tha iad.

DOMHNALL

Tha mi far an cuala mi e.

ALASDAIR

Ta . . . *(ag òl)* . . . chuala tu nis e.

DOMHNALL

Bu chòir dha duineigin innse dha Iain Thòmais.

ALASDAIR

Dòmhnall bràth'r mo sheanar. An dèidh a' chiad chogadh. Truas a ghabh e ri squattars.

DOMHNALL

Feumaidh mi innse dha Iain Thòmais. Cha robh càil a dh'fhios aigesan a bharrachd.

ALASDAIR

Theirig a-null a Steòrnabhagh, a dh'oifis Kesting, mura h-eil thu ga mo chreids. Chì thu ann an sin e, an dubh 's an geal, air map.

DOMHNALL

Uill uill . . . *(ag òl)* . . . Dè mhap?

ALASDAIR

Map an fhearainn. *(stad ghoirid)* Agus leughaidh mise map cuideachd, cuimhnich air a sin. Tha mise tuigs a h-uile làrach a th' air map. Contours 's mar sin air adhart. Crush belts. Dh'ionnsaich mi anns an sgoil-oidhch'.

DOMHNALL

Uill uill . . . *(cumail a ghlainne suas ris an t-solas)*

ALASDAIR

'S ann leinn a tha poll fada Mhurchaidh Alasdair cuideachd. Poll a bh' aig Seòras bràth'r mo sheanmhar, a thug e dha banntrach Alasdair, eadar an dà chogadh. Cha robh fios agad air a sin a bharrachd.

DOMHNALL

(a' coimhead suas) Tha aodann Peigi piuthar d' athar air an uinneig.

ALASDAIR

(ag èigheachd rithe) Trobhad a-steach! *(Tha an aghaidh a' falbh. ALASDAIR a' tionndadh ri DOMHNALL)* Nach duirt mi riut! Fuirich ach am faic thu seo!

(PEIGI a' fosgladh an dorais)

ALASDAIR

Trobhad! Na bi na do shrainnsear!

(Tha PEIGI a' tighinn a-steach. A' suidhe aig beulaibh a' bhùird, air an stòl bheag thrì-chasach. ALASDAIR a' toirt a' mhuga tiona sìos bhon a' bhalla)

ALASDAIR

(lìonadh a' mhuga) Seo an tè a ghoil na praisean! A leagh am malt! A bhruich na hops! A shiolaidh bùrn na hops tron a' mhiosalan! A chuir na bha sin de sgudal mun cuairt, anns a' bhin mhòr phlastaig, le ceithir puinnd shiùcair na cheann 's dà làn na spàin yeast. *(cur a' mhuga tiona na làimh)* Na dh'fhàg mi càil às?

PEIGI   *(gabhail grèim air a' mhuga, mas fhìor gun fhiosd dhi)* 'S mi bha toirt nan cuileagan marbh a-mach às a' chop a bh' air cuideachd, a h-uile madainn. Le spàin mhòr. Na ceudan dhiubh, a h-uile madainn. Le spàin mhòr . . . *(coimhead sìos ris a' mhuga)* Dè tha seo?

ALASDAIR Siuthad! Càil a dh'fhios nach dèan e feum dhan a' phressure.

PEIGI   'N dùil? *(ri DOMHNALL)* Nam èiginn le pressure *(làmh suas gu beul, a' feuchainn ri brùchd a dheanamh)*

DOMHNALL *(togail a ghlainne)* Do dheagh shlàint', a Pheigi!

          (An triùir ag òl. ALASDAIR is DOMHNALL a' stad. PEIGI a' cumail oirre gu bheil am muga falamh)

ALASDAIR Na chòrd siud riut?

PEIGI   Bha e searbh. *(toirt a' mhuga dha)* Mar portair.

DOMHNALL MacEwans.

ALASDAIR *(lìonadh a' mhuga dhi)* Bass.

          (Tha ALASDAIR a' cur a' mhuga na làimh. Tha i gabhail grèim air — mas fhìor gun mothachadh)

PEIGI   *(ri DOMHNALL)* Agus cò thuirt riuts' nach ann leinne tha mòine na Lèig? *(mus fhaigh e air freagairt)* Agus cuiridh mi ceist eile ort . . . Cò, nuair a bha 'm buaireadh mòr eadar am baile seo 's an Taobh Thall, a bhruidhinn a-mach gu duineil, ri uaislean a' Land Court, aig a' ghàrradh-chrìch? Cò thuirt riutha, ann am Beurla, gun robh iad ceàrr? Am freagair thu sin?

          (A' cur a' mhuga air a claigeann. Ga chur sìos)

          Tormod bràth'r mo mhàthar-s'. Sin cò. Tormod Mòr. Ach cha do dh'fhosgail Tòmas a bheul.

(Brùchd)

PEIGI   B' fheàrr leam gun tigeadh iasg.

*(A' seasamh. Dol chun na ciste bhig air taobh thall a' bhùird,
's a' sporghail innt')*

Ach cà na chuir mi iad . . .?

(ga dèanamh fhèin dìreach) Oich, oich! *(làmh air a druim)*
Obh, obh! *(làmh suas gu beul . . . feuchainn ri brùchd eile
a dhèanamh)* Ta, tha buaidh air a' phortair. *(tionndadh aig
an doras — ri DOMHNALL)* Thusa dol a dh'inns' dha duine
às an teaghlach s' cà 'm faod iad mòine bhuain . . .

(Tha i dol a-mach)

DOMHNALL   *(a shùilean mòr)* Dè thubhairt mi?

ALASDAIR   Isd! *(dol a-null chun an dorais, 's a' cur a chluais ris. A'
tilleadh chun a' bhùird. Ann an seanais —)* Nach duirt mi
riut! Tha i thuige mar an rodan!

DOMHNALL   *(coimhead ris an doras)* Cha duirt mise ach . . .

ALASDAIR   Isd! *(ann an guth nàdarrach . . . coimhead ris an doras)* Cò
chuir an sgudal mun cuairt, son leth-uair a thìde, le cas bruis?
(ag obair le ghàirdeanan mar gum biodh e ga dhèanamh)
Cò rinn cinnteach nach robh càil air fhàgail, a steigeadh ri
tòin a' bhin? *(a' suidhe sìos, a' gabhail deoch. Ri
DOMHNALL)* Mo chluasan làn smùir, tha 's mo shròin. Ach
's e obair fhallain a th' ann, an dèidh sin.

DOMHNALL   Dè rud?

ALASDAIR   .   Obair na mònach. Muigh fad an latha a' lìonadh tractar, air
a' mhòinteach, am measg an fhraoich. Do dhruim ris an dùn
eadar na lodan. Obair fhallain a th' ann . . .

DOMHNALL   Bu chòir dhòmhs' a bhith gu math fallain a-rèisd.

ALASDAIR   . . . 'S a' dol chun a' chreagaich. Tha sin fallain cuideachd.
                A-muigh anns a' ghaoth . . . anns a' ghrian . . .

DOMHNALL   Anns an uisge.

ALASDAIR   Beatha fhallain. Doigh-beatha air leth . . . fallain. Grian . . .
                gaoth . . .

DOMHNALL   Uisge.

ALASDAIR   Chan eil beachd aig na daoine tha fuireach an seo cho . . .
                fallain . . . 's a tha iad.

DOMHNALL   Shaoileadh tu gum biodh iad beò gu bràth, a-rèisd. Ma tha
                iad cho fallain ri sin.

ALASDAIR   Tha iad ag ith cus. 'S ag òl cus.

                (An dithis ag òl)

                Agus sin rud eile a tha na adhbhar-deuchainn is bròn dhomhs'
                anns an eilean a tha seo . . . na tha 'n òigridh a th' ann ag òl.

DOMHNALL   Tha 's dhòmhs'.

ALASDAIR   As na h-Eileanan an Iar air am fad.

DOMHNALL   'S an làmh-an-uachdair tha 'n deoch a' faighinn orr'.

ALASDAIR   Sin cuideachd.

DOMHNALL   Tha e na . . . na adhbhar-deuchainn. Is bròn.

                (An dithis ag òl)

ALASDAIR   Ach chan eil càil nas fheàrr . . . an dèidh a bhith muigh fad
                an latha air a' mhointeach . . . anns a' ghrian, anns a'
                ghaoth . . .

DOMHNALL   Anns an uisg'.

ALASDAIR   Anns an uisg'. Bidh an t-uisg' ann cuideachd. Agus 's math
                    gum bi. Tha 'n t-uisge math cuideachd.

DOMHNALL   Tha siud!

ALASDAIR   *(sgairteil)* "Uisge nam beann, a' cur deann às an talamh!"

DOMHNALL   An dìle bhàit', mar as tric.

ALASDAIR   Mar a thuirt Donnchadh Bàn, "Chuidich e gu fàs mi, 's e
                    thug dhomh slàint' is fallaineachd."

                    (Stad)

DOMHNALL   Cuin a thuirt e sin?

ALASDAIR   Anns an òran.

DOMHNALL   Oran, dè 'n t-òran? Cuin a rinn an glogaire sin a-riamh òran?

ALASDAIR   Rinn . . . *(a' stad)* Dè? O! Chan e Donnchadh Bàn
                    Dhòmhnaill Mhurchaidh, ach Donnchadh Bàn Mac an
                    t-Saoir. Bàrd a bh' ann o chionn fhada 'n t-saoghail.

DOMHNALL   'S mi ghabh an t-iongnadh. *(stad ghoirid)* Càil a theans air
                    botal eile?

ALASDAIR   Seo. Fosgail fhèin e. *(Stad)* . . . Mar a bha mi 'g ràdh: càil
                    nas fheàrr, na mo bheachd-s' . . . aig criochnachadh saothair
                    an latha . . . na do bhòtannan 's do stocainnean a chur dhìot
                    an tac an teine, 's glainne mhòr dhan a' home brew a lìonadh
                    dhut fhèin. Glainne mhòr home brew, 's fios agad, as dèidh
                    dhut a h-òl, gu bheil na chops, 's am buntàta ròst, 's na
                    h-uinneanan, a' feitheamh ort anns a' chidsin, air mullach
                    na stòbha, anns a' phraidhpan.

                    (DOMHNALL a' leigeil brùchd)

ALASDAIR   Brìgh na hops tha toirt ort a bhith brùchdail mar sin.

DOMHNALL	Na hops? *(Stad)* Dè rithist a bh' anns na hops?
ALASDAIR	Dh'innis mi dhut mu thrath. Lusan! A tòin Shasainn! Kent!
DOMHNALL	Nach ann shìos an sin a tha Tormod Tìmon? Kent?
ALASDAIR	Chan ann. Tha Tormod Tìmon an Tooting. Tooting Bec. Faisg air Lunnainn.

(stad)

ALASDAIR	Bhà e ann an Kent. Ach thill e às. Thill e air ais a Thooting.

(stad)

Bha e ann an Tooting mus deach e a Khent. Ach cha do chòrd Kent ris, 's thill e air ais a Thooting.

(stad)

DOMHNALL	Fìor dhuine a th' ann an Tormod Tìmon.
ALASDAIR	Dearg mhèirleach.
DOMHNALL	Mo chàirdean fhìn.
ALASDAIR	Mèirleach is robair. Bhon a' bhroinn.
DOMHNALL	Mach air mo chàirdean a tha thu a-nis.
ALASDAIR	Dè dhòmhsa sin?
DOMHNALL	'N air' air do theanga.
ALASDAIR	Innsidh mise 'n fhìrinn ma dheidhinn. Sin 'n seòrs' duine th' annam.
DOMHNALL	Dè mu dheidhinn Coinneach agaib' fhèin, a-rèisd? Coinneach do bhràthair?
ALASDAIR	Mèirleach eile.

DOMHNALL	'S e. 'S a bhrod.
ALASDAIR	Tha mi ga aideachadh.
DOMHNALL	Tha cho math dhut.
ALASDAIR	Ach 's e Tormod Tìmon robair is mèirleach cho ainmeil 's a bha riamh ann an Eilean Leòdhais. As na h-Eileanan an Iar air am fad.
DOMHNALL	Tha thu 'g innse nam breug.
ALASDAIR	Sin thug air coidsigeadh às an eilean-s' anns a' chiad àit'.
DOMHNALL	Tha thu bruidhinn air mac m' antaidh Magaidh.
ALASDAIR	Sin tha ga fhàgail an-diugh an ceann a deas Shasainn.
DOMHNALL	Air mac m' antaidh Magaidh a tha thu bruidhinn an seo.
ALASDAIR	Smior a' chrook!
DOMHNALL	'N air' air do pheirceall!
ALASDAIR	Cò bhuaithe?
DOMHNALL	Bhuams'!

(cur sìos an tiomalair air a' bhòrd le brag)

Con tha mi 'g argamaid riut? *(a' seasamh)* Air do chasan, a mhic an diabhail!

ALASDAIR	*(guth àrd, critheanach)* Dè? Dè?
DOMHNALL	*(a dhùirn an-àirde, 's a' danns sìos is suas)* Air do chasan!
PEIGI	*(aig an uinneig)* Siuthad! Seas aige!

(ALASDAIR — a bheul fosgailt' — a' coimhead rithe)

PEIGI

Leum air! Thoir da shùil dhubh dha! Cuir smuig-fala ris!

DOMHNALL

(danns' mar bhocsair) Come on! Come on!

(ALASDAIR na shuidhe, gun lùths, a bheul fosgailt', a' coimhead bhon an dàrna duine gun an duin' eile)

PEIGI

(sgreuchail ris) Seas air do chasan! Bris a ghèillean! Marbh e!

DOMHNALL

(a' sgur a dhanns . . . beagan luairean air . . . 's a' dol os cionn ALASDAIR. ALASDAIR a' crùbadh air falbh bhuaithe) Agus son gun chuimhnich mi air . . . Dè mu dheidhinn Calum bràth'r d' athar? Hah? Siuthad a-nis!

PEIGI

(aig an uinneig) Dè mu dheidhinn bràthair d' athar fhèin? *(ri ALASDAIR)* Leum air!

ALASDAIR

(guth crèicealach, critheanach) Cha robh ann an Calum bràthair m' athar-s' ach duine solt . . . solt . . . gun lochd air domhainn . . . a bhiodh a' gabhail brath air boireannaich an-dràsd' 's a-rithist, a h-uile teans a gheibheadh e . . .

(a' tòiseachadh a' gal)

DOMHNALL

Con tha thu gal?

PEIGI

Buigneag gun fheum . . .

ALASDAIR

(a' gal) Duine solt . . . sàmhach . . . Gun tigeadh na turnaichean air . . .*(a' suathadh a shròin)*

DOMHNALL

(a' suidhe sìos) Cha leig thu leas a bhith gal . . . *(ag òl às a' ghlainne)*

PEIGI

Dè mu dheidhinn Magaidh d' antaidh? Cò mheud a bh' aice-se mus do phòs i? 'S co leis a bha iad?

ALASDAIR

(crèicealach) Tormod Tìmon, mas fhìor, an-diugh anns na h-A.As. Na chomhairliche, mas fhìor, dha drungairean Thooting.

PEIGI

Sherrab! A bhuigneag!

DOMHNALL

Cha bhiodh nip uisge-beath' dona. Còmhla ris a' home brew.

ALASDAIR

Nip? Cò mheud feasgar fada a chuir mi seachad anns a' Ghearraidh Chruaidh, a' slugadh nan nips?

(stad)

'S cò mheud uair a sheas mi air taobh-a-muigh doras a' Royal aig còig uairean feasgar, a' feitheamh ri sgread nan claidhmhein?

(tòiseachadh a' gal a-rithist)

Mi fhìn 's Calum bràthair m' athar.

PEIGI

Sherrab, a bhuigneag! Cà'il do dhuinealas?

DOMHNALL

(air botal eile fhosgladh) Ille, seall air a' bhrìgh tha tighinn às an fhear sa! Tha 'm fear sa a' cur a-mach air a' bhus le brìgh.

ALASDAIR

Cum do ghlainne suas ris an t-solas. *(ri PEIGI)* Clìoraig do cheann a-mach as an uinneig . . . *(ceann PEIGI a' falbh. Ri DOMHNALL)* Seall a-nis an rud a rinn thu!

DOMHNALL

Seall air a sin! Tha e air a dhol mar . . . mar meug!

ALASDAIR

Leig thu an salchar a bh' air bonn na screwtop suas chun a' bhàrr. Sin an rud a rinn thu.

DOMHNALL

'S e cheist: an dèan e cron orm?

ALASDAIR

Cha dèan na . . . *(a' stad, 's a' smaoineachadh mu dheidhinn)* 'S mait gum falbh do chom.

(An dithis ag òl. Stad ghoirid)

DOMHNALL

(a' smèideadh le làmh . . . na cinn aca a' tighinn faisg air a chèile) Agus bha thu ceart mun an uisg'.

ALASDAIR	Bha.
DOMHNALL	Bha mi 'g iarraidh innse dhut.

(stad ghoirid)

Mura biodh uisg' ann . . . bhiodh sinn tioram.

ALASDAIR	Cha bhiodh bùrn againn.
DOMHNALL	Chan fhàsadh càil.
ALASDAIR	Bhiodh am pathadh oirnn.
DOMHNALL	Bhiodh sinn kaput.

(Iad ag òl. A' suidhe air ais, 's a' coimhead ri chèile)

DOMHNALL   'S e 'n ath cheist: cà 'm faigh sinn botal mòr uisge-beath'?

ALASDAIR   Con tha thu 'g iarraidh botal mòr uisge-beath'? Sin tha fàgail òigridh an eilein sa mar a tha iad. Nach òl sinn dà ghlainne eile dhan a' home brew fhèin?

(A' seasamh, 's a' dol gu beulaibh na stèids. A' togail na baraille bheag phlastaig, chan ann gun èiginn, 's a' falbh leatha na ghàirdeanan, a ghlùinean cha mhòr a' lùbadh leis a' chuideam a th' innte. Tha e ga càradh am meadhan a' bhùird, le "dump")

ALASDAIR   *(anail na uchd)* 'S deich eile às dèidh sin?

(a' suidhe, a' fosgladh botal eile, 's ga thoirt dha DOMHNALL)

Cuimhnich, chan eil an stuth sin mar stuth sam bith eile. Tha biadh anns an stuth sin. Vitamins is . . . is . . .

DOMHNALL	Do shlàinte mhòr!
ALASDAIR	H-uile latha chì 's nach fhaic.

(An dithis ag òl)

ALASDAIR Ta, cha robh thu cinnteach an toiseach . . . dh'aithnich mi ort . . .

DOMHNALL Uill . . . tuigidh tu fhèin . . .

ALASDAIR Dh'aithnich mi ort . . . Gus am fac' thu mise a' gabhail a' chiad bhalgam . . .

DOMHNALL Thuirt mi rium fhìn, uill, feuchaidh mi e . . .

ALASDAIR Dh'fhuirich thu gun uair sin.

DOMHNALL Thuirt mi rium fhìn, uill . . .
Mura marbh e esan,
cha mharbh e mis'.
'S ma mharbhas e esan,
marbhaidh e mis'.

(An dithis ag òl)

(An doras a' fosgladh. PEIGI a' tighinn a-steach. ALASDAIR . . . fon a' choill . . . a' lorg a' mhuga tiona)

PEIGI *(os a chionn)* Ta, seallaidh mise dhuts'! *(fhathast a' lorg a' mhuga. I a' cur a làmh a-mach . . . guth ainmeineach)* Siud e!

(ALASDAIR a' gabhail grèim air a' mhuga)

PEIGI *(ri DOMHNALL)* Dè mu dheidhinn Flòraidh piuthar do mhàthar? Thusa tighinn a-steach an seo a dh'innse dha daoine . . .

(ALASDAIR a' toirt a' mhuga dhith. Tha i 'g òl sìos na tha na bhroinn. A' leigeil brùchd. A' dol a-null chun na ciste anns an robh i sporghail, 's a' toirt na bròig dhith. A' tionndadh ri DOMHNALL, 's a' toirt dha sgleog mu mhullach a chinn leis a' mhuga tiona)

DOMHNALL   Aobh!

(PEIGI a' togail na baraille bheag phlastaig bhon a' bhòrd gun èiginn sam bith, le aon làimh, 's ga cur fo h-achlais. Toirt sùil uamhalt air ALASDAIR, 's a' dol a-mach air an doras. An doras a' dùnadh às a dèidh le clab)

(Sàmhchantas)

(An dithis a' coimhead ris an doras)

DOMHNALL   *(toirt a làmh bho cheann)* Agus . . .?

ALASDAIR   *(tionndadh a chinn bhon doras)* Dè?

(Stad)

DOMHNALL   *(cur a làmh air ais air a cheann)* Uh . . . Dè seo an t-ainm a bh' orr' a-rithist?

ALASDAIR   Cò air? *(iongnadh na ghuth)* Tha Peigi. Peigi piuthar m'athar.

DOMHNALL   Chan ann ach air na lusan. A tòin Shasainn. Tha mi feuchainn ri cuimhneachadh.

ALASDAIR   O! *(stad goirid)* Tha hops.

DOMHNALL   'S e. Hops. *(leigeil lachan goirid)*

(Stad)

DOMHNALL   'S tha thu 'g ràdh rium gur e Tormod Tìmon . . . mo chousin cam, carach fhìn . . . a chuir thugad iad?

ALASDAIR   Cha b'e. *(caiseach)* 'M bi thu 'g èisdeachd ri càil idir tha duine 'g ràdh riut? *(tarraing anail mhòr)* Tha Tormod Tìmon an Kent. Chan ann ach ann an Tooting. Tha e ann an Tooting. Dh'innis mi sin dhut mu thràth.

DOMHNALL   *(gnogadh a chinn)* . . . Tormod Tìmon an Kent . . . *(uileann a' falbh bhon a' bhòrd)*

ALASDAIR   An Tooting! *(stad ghoirid)* Bha e ann an Kent. Aite fallain.
                Làn lusan. Ach dh'fhàg e Kent . . .

DOMHNALL   *(gnogadh a chinn)* Dh'fhàg e Kent . . .

ALASDAIR   'S an diugh, tha Tormod Tooting air ais an Tìmon . . .

DOL A DH'FHAICINN NIGHEAN AN RIGH

TORCUIL	Bodach aois trì fichead 's a deich
MAIRI	A bhean
EALASAID	An nighean aca
NIALL	Pòsd aig Ealasaid
MAIREAD	An nighean aca
FIONNLAGH	Pòsd aig Mairead

AN SET: *sràid, le cabhsair.*

An stèids falamh.

TORCUIL is MAIRI a' tighinn air. Esan ann an sèithear-chuibhlichean, ise air a chùlaibh, ga shàthadh. Tha deise dhubh air, coilear is tàidh, bonaid an Airm: ruban, le dà bhonn crochaite bhuaithe, air a bhroilleach. Glainneachan dorch; bucas airson cuideachadh claisneachd ri chluais; agus bata na làimh. Tha MAIRI air a sgeadachadh na h-aodach math cuideachd, 's tha ad fhlùireach, le ite cham, ioma-dhathach, air a ceann.

Tha iad a' tighinn gu meadhan na stèids. A' stad.

MAIRI	*(a h-anail na h-uchd)* Seo sinn, ma-tha. *(a' coimhead timcheall oirr')* Nach bi sinn glè mhath ann an seo?
TORCUIL	*(a' tionndadh a chinn bho thaobh gu taobh . . . mì-chinnteach)* Chan eil fhios a'm . . .
MAIRI	Seo far an robh thu 'g iarraidh . . .!
TORCUIL	Tha fios a'm . . . Eil thu cinnteach g' eil i tighinn sìos an t-sràid seo?
MAIRI	'S e thu fhèin a thuirt riums' gun robh!
TORCUIL	'S mait gum biodh sinn na b' fheàrr far an robh sinn. Air an t-sràid àrd.
MAIRI	*(a' crathadh a cinn)* Chan eil mi gad phutadh air ais an sin idir.
TORCUIL	No air an t-sràid ìosail? Bha sinn glè mhath air an t-sràid ìosail . . .
MAIRI	Chan eil mi gad phutadh air ais an sin a bharrachd.

(Stad ghoirid)

TORCUIL	Ach am faic mi ann an seo i, ge-tà?
MAIRI	Cò?
TORCUIL	Cò? *(caiseach)* Nighean an rìgh!
MAIRI	Carson nach fhaic? *(stad ghoirid)* Chitheadh tus' ise na b' fheàrr nan toireadh tu dhiot na glainneachan dorcha.
TORCUIL	Tha solas dona dha mo shùilean. Mi gus am fradharc a chall.
MAIRI	Chan eil càil ceàrr air do fhradharc.
TORCUIL	*(làmh suas gu na glainneachan)* Sin, a bhoireannaich aineolaich, uireas fios a th' agadsa.
MAIRI	Thuirt an dotair riut nach robh càil ceàrr air do fhradharc.
TORCUIL	Sin, a bhoireannaich aineolaich, uireas fios a th' aigesan. *(a' togail a bhat')* Chan fhada 's lèir dhomh ceum rathaid . . .
MAIRI	Dh'innis e dhut ainm na trioblaid a th' ort. Ainm fada.
TORCUIL	*(a' tionndadh, an-fhoiseil, bho thaobh gu taobh, anns an t-sèithear . . . an uair sin, le bhata a-mach dhan an talla)* Agus dè ma thèid i sìos seachad air an taobh sin dhen an rathad? Na smaoinich thu air a sin?
	(EALASAID is NIALL a' tighinn air)
EALASAID	Cò?
MAIRI	Ealasaid! Dè tha thusa dèanamh an seo?
TORCUIL	Cò? *(caiseach)* Nighean an rìgh!
EALASAID	*(a' coimhead a-mach dhan an talla)* Carson a dheigheadh i sìos an taobh sin?

NIALL	*(a' coimhead a-mach dhan an talla)* Dè tha i dol a dh'fhaicinn shìos an sin?
EALASAID	Chan eil càil tlachdmhor no tarraingeach dhan an t-sùil shìos an sin.
NIALL	Tha daoine ann . . .
EALASAID	Boireann is fireann. An dà sheòrsa . . . Tha.
NIALL	Tha iad a' smocaigeadh. A' casdaich. Mar sinn fhìn.
EALASAID	'S e Gàidheil a th' annta. Mar sinn fhìn.
NIALL	Ach chan eil iad cho spaideil ruinne.
EALASAID	Cha deigheadh nighean an rìgh a bhruidhinn ris na daoine sin, an deigheadh?
NIALL	Nighean an rìgh? 'S fhada chitheadh i.
	(Stad)
MAIRI	Uill? Dè tha gur fàgail an seo?
TORCUIL	*(ri EALASAID)* Thuirt thu ri do mhàthair nach b' urrainn dhuibhse a thighinn a dh'fhaicinn nighean an rìgh ann.
MAIRI	Gun robh agaibh ri dhol a dh'Inbhir Nis . . .
NIALL	A dh'Inbhir Pheofharain . . .
TORCUIL	A dh'Inbhir Nis.
EALASAID	A dh'Inbhir Pheofharain. Bha. *(stad ghoirid)* Cha deach sinn ann.
MAIRI	*(ri EALASAID — guth ìosal)* Uill . . . son gun nochd thu idir . . . Can ri d' athair gu bheil sinn glè mhath air an steans tha seo. Mus tèid mise às mo rian . . .

NIALL   Con a tha thu seanais, a Mhàiri? Nach eil fhios agad g'eil e bodhar?

MAIRI   Nuair a thogras e fhèin. *(ri EALASAID)* Siuthad! Mi gus an grùthan a chur a-mach o chionn uair a thìde, ga shàthadh bho àit' gu àit'.

EALASAID   Cà 'n d'fhuair thu 'n ad?

MAIRI   Anns a' Chlub, carson?

EALASAID   Mmmm . . . Dè 'n Club anns a bheil thu?

MAIRI   Kays — carson? . . . Dè tha ceàrr air an ad?

EALASAID   Chan eil càil. Tha i . . . mmm . . .

MAIRI   *(seanais)* Air an t-sràid àrd, bha sinn ro fhada shuas. Air an t-sràid ìosail, ro fhada shìos . . . Ach èisdidh e riutsa.

TORCUIL   Ealasaid! Cà'il Ealasaid mo nighean?

MAIRI   *(seanais)* . . . 's chan eil an lùths air fhàgail na mo ghàirdeanan-s' . . .

EALASAID   *(àrd)* Tha mi ann an seo, a bhobain.

MAIRI   *(ri NIALL — fhathast an seanais)* . . . mi fàs aosd . . .

TORCUIL   Cà bheil thu? Thoir dhomh do làmh.

EALASAID   *(toirt a làmh dha — anns a' ghuth ro àrd)* Tha sinn an àite glè mhath an seo, nach eil, a bhobain? Son faicinn nighean an rìgh. Eil thu ga mo chluinntinn?

TORCUIL   Thug Mairead do phiuthar 's an duine sìos am baile sinn. 'N e sin a tha thu faighneachd? Anns a' chàr.

EALASAID   Chan e ach . . .

TORCUIL   Thàinig iad air ar tòir. Leis a' chàr. I fhèin 's an duine. Donnchadh.

EALASAID   Fionnlagh.

TORCUIL   Dè?

EALASAID   An duine aig Mairead. Fionnlagh an t-ainm a th' air.

TORCUIL   Bha mi anns an t-seata-thoisich. Na boireannaich anns a' chùl.

EALASAID   Cha b'urrainn dhuinne . . .

TORCUIL   Cha b'urrainn dhuibhse. Bha sibhs' a' dol a dh'Inbhir Nis.

(EALASAID a' toirt a làmh air falbh.)

     Eil esan còmh' riut?

EALASAID   Cò?

TORCUIL   An duine a phòs thu.

EALASAID   Niall an t-ainm a th' air, athair.

TORCUIL   Niall Odhar. Eil e còmh' riut?

EALASAID   Nach eil thu faicinn gu bheil?

NIALL   Càil a dh'fhios. Cuimhnich gu bheil e dall cuideachd.

TORCUIL   'N ann air mo chùlaibh a tha e? . . . Tha mo fhradharc a' falbh . . .

MAIRI   Càil ceàrr air do fhradharc.

TORCUIL   Chan fhada chì mi càil idir . . .

MAIRI   Ainm aig an dotair air an rud tha ceàrr ort. Ainm fada.

TORCUIL   Tha mi . . . *(a' togail a bhat')* . . . ga fhaireachdainn faisg
               orm. Ged nach eil mi ga fhaicinn.

MAIRI   *(a' crathadh a làimh a-mach dhan an talla, 's ag èigheachd)*
               Tha thu ann! Nach b'e sin an latha! *(ag èisdeachd)* Thig thusa
               a chèilidh orms'! Làn thìd' agad! *(a' crathadh a làimh)*

EALASAID   Cò bha siud?

MAIRI   Catriona Skoyles. Pòsd aig fear Skoyles. *(fhathast a'*
               coimhead a-mach) Seall an ad a th' oirr'. Ach cò thuirt rithe
               an ad ud a chur oirr'?

TORCUIL   *(ri EALASAID)* Cha chaomh leam e.

EALASAID   Cò, a bhobain?

TORCUIL   An duine agad.

EALASAID   Tha fios a'm.

NIALL   Cha chaomh leise-san thusa.

TORCUIL   Cha bhi mi bruidhinn ris.

EALASAID   Tha fios a'm.

NIALL   Cha bhi siud!

TORCUIL   Thuirt mi riut gun a phòsadh.

EALASAID   Tha fios a'm.

TORCUIL   Cha do ghabh thu mo chomhairl'.

EALASAID   Tha mi duilich, a bhobain.

TORCUIL   Bha 'n aon cheannairc na do mhàthair.

MAIRI   *(mus fhaigh e air a chantainn)* Bha . . .

TORCUIL   'S tha . . .

MAIRI   'S bithidh.

               (Stad ghoirid)

TORCUIL   Thoir thusa 'n aire nach tig Niall Odhar ort bho do chùlaibh
               latha dhe na làithean, 's gun cuir e làmhach tro sliog do chinn.
               Wallab! Cha bhiodh e ach a' dol ri dhualchas . . .

               (stad)

               Tha càr Dhonnchaidh nas motha na càr Nèill Odhair. Nas
               motha agus nas comhfhurtail.

MAIRI   *(rithe fhèin)* Ach cò fo ghrian a th' ann an Donnchadh?

NIALL   *(dhan a' chluais ris nach eil am bucas)* Agus dè mar tha
               m' athair-cèile an-diugh?

TORCUIL   'N ann fhathast air mo chùlaibh a tha e? Eil làmhach aige
               na làimh?

NIALL   *(ri EALASAID)* Chual' e siud!

               (EALASAID a' crathadh a cinn ri NIALL: "Leig seachad e!")

TORCUIL   'S iad a thug sìos am baile sinn, Mairead mo nighean is Donn-
               chadh. Anns a' chàr mhòr, chomhfhurtail. Ach am faiceadh
               sinn nighean an rìgh.

NIALL   *(aig an aon chluais)* Na thill do chlaisneachd?

               (EALASAID a' crathadh a cinn ri NIALL: "Sguir dheth!")

TORCUIL   Rinn iad an coibhneas sin ruinn. Sinne fàs aosd. Dh'iarr sinn
               air Ealasaid, an nighean bu shine, an toiseach, ach cha
               b'urrainn dhise. Thuirt i ri màthair , air a' fòn, nach b'urrainn
               dhis'.

NIALL   *(aig an aon chluais)* Dè mar tha 'm fradharc?

TORCUIL	Bha Ealasaid 's an duine a' dol a dh'Inbhir Nis son an latha. Tha bràthair aig an duin' aic' ann an Inbhir Nis, ann an ionad àraidh.
NIALL	*(aig an aon chluais)* Na thill an lùths dha na casan?
TORCUIL	Tha. 'S bha Ealasaid 's an duine a' dol a dh'Inbhir Nis a shealltainn air. Anns a' chàr. Càr Nèill Odhair. A th' air a chumail ri chèile le sìoman-gàirnealaireachd is meirg.
EALASAID	*(ri MAIRI)* Cà bheil Mairead?
MAIRI	Nach fheumadh Fionnlagh àit' a lorg dhan a' chàr?
TORCUIL	Fionnlagh mo mhac-cèile! Deagh dhuine! . . . 'N i Mairi mo bhean a fhreagair an siud? *(a' tionndadh a cheann bho thaobh gu taobh)* Cà bheil thu?
MAIRI	Thall an seo. *(a' crathadh a làimh ri duineigin nach eil an làthair)*
TORCUIL	Dè tha thu dèanamh thall an sin? Gabh gu mo chùlaibh, sin d' àite-s'! Ullaich thu fhèin son mo shàthadh-s' air adhart, gu beulaibh an t-sluaigh, nuair a chluinneas tu nighean an rìgh a' tighinn.
MAIRI	*(fhathast a' coimhead às dèidh na tè ris an robh i smèideadh)* Iseabal Doogie! Pòsd aig Doogie. *(ri EALASAID)* Bha balach aic' an aon aois riut.
EALASAID	An robh?
MAIRI	*(cianail)* Bha. Ach bhàsaich e.
TORCUIL	*(a' toirt brag air an t-sèithear leis a' bhat', son an aire a tharraing)* Agus nuair a thig nighean an rìgh a bhruidhinn riumsa . . .
MAIRI	Ma thig, a Thorcuil . . .

TORCUIL   *(caiseach — a' toirt brag eile air an t-sèithear leis a' bhat')* Nuair a thig nighean an rìgh a bhruidhinn riums' . . . *(stad ghoirid — ann an guth nas socair)* . . . Cuimhnichibh gum bi sibh modhail . . . umhail . . . a h-uile duine agaibh . . .

NIALL   *(ri EALASAID)* Tha nighean an rìgh a' dol a thighinn a bhruidhinn ris? . . .

     (EALASAID a' crathadh a cinn ri NIALL: "Eisd!")

TORCUIL   Eil thu 'g èisdeachd rium, Ealasaid? Nuair a thig nighean an rìgh a bhruidhinn riumsa . . .

     (Stad. E tionndadh a cheann bho thaobh gu taobh)

MAIRI   *(àrd)* Tha i 'g èisdeachd riut . . .

TORCUIL   Bi iriosal. Modhail. Cum do shùil ormsa . . . 'S ma bhruidhneas i riut, can "Yes, maam, No, maam." 'S na can ach sin. 'S lùb do ghlùin. 'S thoir taing dhi.

     (Stad)

TORCUIL   Ann an 1941, air cidhe Folkestone, choinnich mise an rìgh, a h-athair. Ann an 1945, air beulaibh lùchairt Bhuckingham, choinnich mi an t-seann bhànrigh, a seanmhair. Ann an 1956, anns an Eilean Sgitheanach, choinnich mi a' bhanrìgh, a màthair. 'S ann an 1972, air an Eilean Mhanainneach, choinnich mi am prionnsa òg, mac a peathar. A h-uile duine tha sin, anns an teaghlach rìoghail, choinnich mise. Cumaibh ur sùilean ormsa.

NIALL   *(a' coimhead gu oir na stèids 's ag èigheachd)* Tha i tighinn! Tha i tighinn!

TORCUIL   *(a' gabhail grèim air gàirdeanan an t-seithir, 's a' tionndadh a chuirp bho thaobh gu taobh)* Càite? Cà bheil i? . . .

NIALL   Seo i! Seall oirr'!

(MAIREAD a' tighinn a-steach)

MAIREAD Dè 'n othail a th' ort, a bhobain? . . . *(ri MAIRI)* Cà 'n deach sibh? Bha sinne air an t-sràid àrd . . .

(FIONNLAGH a' tighinn a-steach. Tòrr chamarathan, meataran-sholais, etc. mu amhaich)

NIALL 'S Lord Lichfield na tobha.

MAIREAD . . . 's an uair sin air an t-sràid ìosail. *(ri EALASAID)* Dè tha thusa dèanamh an seo?

(Tha FIONNLAGH a' dol gu taobh thall na stèids, a' seasamh ann an sin, a' tòiseachadh a' coimhead ri na camarathan 's na h-innealan eile, aon às dèidh aon, gan cumail suas ris an t-solas etc)

MAIRI *(ri MAIREAD)* Na lorg sibh àit' dhan a' chàr?

MAIREAD Lorg. Cha b' ann gun èiginn . . . *(ri EALASAID)* Uill? Dè tha gad fhàgail an seo?

EALASAID Con nach bitheadh?

MAIREAD An tè a dhùilt a pàrantan a thoirt sìos am baile a dh'fhaicinn nighean an rìgh. Cha leigeadh an leisg dhut a dhol dà mhìle a-mach às do shlighe gan iarraidh. B'fheudar dhòmhs' a thighinn bho cheann eile na loch . . . *(ri NIALL)* Tha thu ann an sin, a luaidh.

NIALL Tha, a ghaoil.

(Tha FIONNLAGH a' toirt sùil aithghearr oirre, a' cluinntinn seo, 's a' dol air ais gu na camarathan)

MAIREAD *(gàire aoibhneach)* 'S tha 'n fhèileadh ort! An-diugh a-rithist!

NIALL *(gàire air aodann)* Uill . . . dè feum a th' ann, crochait' anns a' wardrobe?

MAIREAD

Thug thu na facail a-mach às mo bheul.

NIALL

Sin a thuirt mi rium fhìn . . .

MAIREAD

An robh e ort bho latha nan geamannan?

NIALL

Cha robh.

MAIREAD

Nach math!

(Tha iad a' coimhead ri chèile . . . gàire air aodann an dithis)

EALASAID

Dè dhuts' ged a bhiodh fèileadh air?

NIALL

(a' dol a-null gu FIONNLAGH) 'N ann a' dol a thogail dhealbhan a tha thu, Fhionnlaigh? . . .

FIONNLAGH

?

NIALL

(a làmh a-mach) . . . an ultach innealan a th' ort? . . .

FIONNLAGH

O! *(a' coimhead ris an adhar, ris a' chamara a th' aige na làimh, ri chasan, 's an uair sin ri NIALL)* Uh . . . 'S ann.

TORCUIL

A Mhairead! Cà'il Mairead mo nighean?

MAIREAD

Tha mi ann an seo, a bhobain . . . *(ri EALASAID)* Ach innsidh mi seo dhut! 'S tu bheir dhachaigh iad!

TORCUIL

An d'fhuair an duine agad lorg air àit' dhan a' chàr?

MAIREAD

Fhuair. Cha b' ann gun èiginn. Bha sinn . . .

TORCUIL

Mairead mo nighean! Dhomh do làmh! *(MAIREAD a' toirt dha a làmh)* Pòsd aig Fionnlagh! Deagh dhuine! Agus mac an deagh dhuine! Thàinig e ga h-iarraidh orm! Thug mi dhà i. Bha i air mo ghàirdean anns an eaglais. Thug mi dhà i.

FIONNLAGH

Och. Uill . . .

TORCUIL	Phòs mi steach i am measg daoine onarach. Daoine ceart. Sin aic' a bharrachd air a piuthar. Eil Fionnlagh ann an sin? Cha do chreid mise riamh, Fhionnlaigh, gur e d' athair a dh'fhalbh le airgead a' chlaidh. *(MAIREAD a' toirt a làmh air falbh)* Fiù 's nuair a rug iad air fo bheing an taigh-òsd', le phòcaidean làn leth-chruinn, cha do chreid mi e. Chreid an còrr dhen an sgìre e, 's an còrr dhen an t-saoghal. Ach cha do chreid mis' e.
FIONNLAGH	Uill. Och . . .
TORCUIL	Chreid mise an rud a dh'innis e fhèin, gu h-onarach, dìreach, na sheasamh ann am bucas nam mionnan. Gur ann am broinn saoibheir a fhuair e lorg orr'. Fiach ceud not de leth-chruinn, ann am poca canabhais.
EALASAID	*(guth àrd, suigeartach)* Uill! Tha sinn glè mhath an seo! Nach eil? . . .
TORCUIL	An aon uair a-riamh a chuala mi siorram a' leigeil lachan-gàire.
EALASAID	*(an aon ghuth)* Nach eil? . . . glè mhath? . . . an seo? . . .
TORCUIL	Go-rò, go-rò, go-rò, chaidh e. Mar fheannag leis an tùchadh.
MAIREAD	*(ri EALASAID, 's a làmh a-mach dhan an talla)* Nach biodh sinn na b'fheàrr shìos an siud?
MAIRI	Càit, a nighean? 'N ann am measg nan daoine sin?
EALASAID	Na common five-eights?
MAIRI	'N ann air thu fhèin a chall a tha thu?
MAIREAD	Chitheadh sinn barrachd. Chitheadh sinn a' gheòla rìoghail a' tighinn a-steach chun na laimrig. Nighean an rìgh a' dìreadh suas na steapaichean.
NIALL	Uaislean na sgìre a' cur fàilt' oirr'.

MAIREAD	Lord Corcoran of the Buckets.
NIALL	Lady Clapcock.
MAIREAD	The Honorable Farquhar Colquhoun.
NIALL	Agus Brigadier Gitt.
MAIREAD	Na pìobairean a' cluich. Cha bhi càil orra fon an fhèileadh. *(ri EALASAID)* Mar Niall agad fhèin, latha nan geamannan.
EALASAID	*(ri MAIRI)* Cluinn, a mhàthair! Cluinn an rud leis a bheil i tòiseachadh!
MAIREAD	*(ri NIALL)* Stiall cha robh ort fodha, an robh, a luaidh? Fìor Ghàidheal!
EALASAID	Cluinn, a mhàthair! Cluinn oirr'!
MAIREAD	*(ri NIALL)* Nach e mi fhìn a bha goradaireachd suas 's a chunnaic?
	(NIALL is MAIREAD a' coimhead ri chèile. Gàire air aodann an dithis)
MAIRI	Sguir leis a' chòmhradh shalach sin, a Mhairead. Am fianais d' athar.
MAIREAD	Saighdearan a' Bhataraidh ann an dà loidhne. Briogaisean orrasan. Nighean an rìgh a' coiseachd suas eatarra. Aon fhear anns an t-sreath a' tuiteam gu bheulaibh, a' dol fo laige. Chìtheadh sinn a h-uile càil a tha sin, nam biodh sinn . . . *(làmh a-mach dhan an talla)* . . . am measg nan daoine.
EALASAID	Son nach eil feum . . . feum . . . anns an duine aice fhèin. Sin as coireach an còmhradh a th' oirr'.

MAIREAD

(a' dol a-null gu FIONNLAGH, 's a' cur a gàirdean tron a' ghàirdean aige . . . FIONNLAGH a' coimhead ri camara, gun alladh sam bith a ghabhail rithe) Nach eil ann! Chan fhaca tus' an tele-foto lens a th' aige!

EALASAID

Eudach! Sin uireas a th' ann! Eudach!

MAIREAD

'S na dodgers bheaga chruinn a tha crochaite ris!

MAIRI

Ni siud a' chùis, bhon dithis agaibh. *(ri MAIREAD)* Eil m' ad cam?

MAIREAD

Chan eil.

MAIRI

Tha i faireachdainn cam. Air mo cheann.

MAIREAD

Chan eil. *(stad ghoirid)* Cà 'n d'fhuair thu i?

MAIRI

Anns a' Chlub, carson? Dè tha ceàrr oirr'?

MAIREAD

Chan eil càil . . . Dè 'n Club anns a bheil thu?

MAIRI

Kays. *(làmh suas gu ceann)* Nach eil i glè mhath?

MAIREAD

Mmmm . . .

(Stad)

NIALL

Tha ceist agam oirbh . . . *(nuair a tha aire nam boireannach aige)* . . . Dè tha sinn a' dèanamh an seo?

(Stad)

EALASAID

Nach eil sinn glè mhath an seo?

MAIRI

(coimhead ri TORCUIL) Eisd! Mus cluinn e thu!

NIALL

Chan e ach . . . dè tha sinn a' dèanamh ann?

(Stad)

FIONNLAGH   *(a' cur sìos a' chamara)* Uh . . .

NIALL   *(a' tionndadh thuige)* Seadh, Fhionnlaigh?

FIONNLAGH   Nach eil . . . uh . . . bean an rìgh?

NIALL   Nighean an rìgh . . .

FIONNLAGH   Nighean? An i? Uill. Nighean an rìgh. *(stad ghoirid)* Nach eil i tighinn?

     (A' togail a' chamara. A' coimhead troimhe)

NIALL   Sin tha sinn a' dèanamh an seo, an e? A' feitheamh ri nighean an rìgh?

EALASAID   'S e.

MAIRI   'S e.

MAIREAD   Dè eile?

TORCUIL   'N e Niall Odhar a tha bruidhinn? Gur ceasnachadh?

NIALL   *(ri EALASAID)* Tha i dol a thighinn suas an rathad sa . . . eil mi ceart? . . .

EALASAID   Tha.

MAIRI   *(ri EALASAID)* Aire neo sìos . . .

NIALL   Air an taobh sa dhen an rathad? . . .

EALASAID   'S ann . . .

MAIRI   *(ri EALASAID)* Mas ann bho shìos a thig i oirnn . . .

MAIREAD   Taobh a' bhaile . . .

NIALL   'S tha i dol a stad ann an seo? . . . *(ri EALASAID)* . . . Eil
                mi fhathast ceart? . . . *(EALASAID a' gnogadh a cinn)*
                . . . 'S tha i dol a bhruidhinn ri d' athair?

TORCUIL   Na freagraibh e!

EALASAID   *(mì-chinnteach)* Tha. *(ri MAIRI I)* Nach eil?

MAIRI   *(mì-chinnteach)* Tha . . .

NIALL   Carson?

TORCUIL   Na innsibh dha.

                (Stad)

NIALL   *(a ghàirdeanan a-mach)* Dè fios a th' agaibh? Cò dh'innis
                dhuibh?

TORCUIL   Con a tha sibh bruidhinn ris? Sguiribh a bhruidhinn ris.

                (Stad)

EALASAID   Nach cuala sinn . . .

MAIRI   Nach deach cantainn ruinn . . .

MAIREAD   Nach eil iad ag ràdh . . .

                (Stad)

TORCUIL   Niall Odhar. Na innsibh càil dha.

NIALL   Uill?

EALASAID   Nach do chuir Lord Corcoran fios timcheall le
                searbhant . . .?

MAIRI   Nach robh tràill Leddy Clapcock ga èigheachd air na
                sràidean . . .?

MAIREAD   Nach do chuir an Honorable Farquhar Colquhoun aithisg air uinneig a' Phost-Oifis . . .?

EALASAID   Nach robh Brigadier Gitt ga innse gu pearsanta aig cunntair an taigh-òsd' . . .?

              (stad ghoirid)

MAIRI   . . . gu bheil nighean an rìgh . . .

MAIREAD   . . . a' dol air chuairt am measg an t-sluaigh . . .

EALASAID   . . . walkabout . . .

MAIRI   . . . mus fhosgail i an t-Ionad-Spòrs ùr . . .

MAIREAD   . . . an Activity Centre . . .

EALASAID   . . . null an t-sràid àrd . . .

MAIRI   . . . tarsainn na sràid ìosail . . .

MAIREAD   . . . car mun a' War Memorial . . .

EALASAID   . . . 's air ais sìos an t-sràid ùr . . .

MAIRI   . . . air a bheil sinne, an-dràsda fhèin, nar seasamh . . .

              (stad ghoirid)

MAIREAD   . . . agus gu bheil nighean an rìgh . . .

EALASAID   . . . air fios a chur roimhpe . . .

MAIRI   . . . gum bu chaomh leatha . . .

MAIREAD   . . . thairis air clann bheag an uchd am màthar . . .

EALASAID   . . . clann-nighean bheaga le dìtheanan . . .

MAIRI   . . . balaich bheaga le flagaichean . . .

MAIREAD	. . . cailleachan a tha sreap ris a' cheud . . .
EALASAID	. . . càraidean a th' air a bhith pòsd aig cach-a-chèile son trì fichead bliadhna . . .

(MAIREAD a' putadh MAIRI)

MAIRI	. . . coinneachadh . . .
MAIREAD	. . . agus bruidhinn ri . . .
EALASAID	. . . agus breith air làimh air . . .
MAIRI	. . . seann shaighdearan . . .
MAIREAD	. . . mar m' athair . . .
MAIRI	. . . seann shaighdearan a bha dìon na rìoghachd . . .
EALASAID	. . . mar m' athair . . .

(Stad)

MAIRI	Agus sin a tha sinn a' dèanamh ann an seo.

(Stad)

FIONNLAGH	'S tha mis' a' dol a thogail a dealbh.
TORCUIL	Na innsibh an còrr dha. Con a dh'innis sibh siud fhèin dha?

(stad)

Niall Odhar. Chuir a bhràthair a tha 'n Inbhir Nis làmhach tro chùl cinn a sheanmhar, 's i aig an t-sinc a' rùsgadh buntàta. Wallab!

EALASAID	*(guth àrd, suigeartach)* Aite glè mhath anns a bheil sinn ann an seo . . .

TORCUIL Thàinig cuairt orm, ars' esan, na sheasamh gu math stobach ann am bucas nam mionnan, ris a' bhritheamh. Chuala mi guth a' cantainn rium a dhèanamh.

EALASAID *(an aon ghuth)* Nach e? . . . duineigin? . . . latha math? . . .

FIONNLAGH *(a' dol a-null gu NIALL)* Am putan sin, seall. Air a' chamara. Chan eil agams' ach srucadh ann le m' òrdag, a latha no dh'oidhch', 's togaidh e dealbh dhiot.

(NIALL a' coimhead ris a' chamara)

FIONNLAGH Na Japs bheaga a rinn e.

TORCUIL Go-rò, go-rò, go-rò, ars' am britheamh.

FIONNLAGH Tha iad math air cameras a dhèanamh, na Japs bheaga. Cameras is rèidios.

(Iolach air taobh a-muigh na stèids, pìos air falbh)

MAIREAD Siud nighean an rìgh a' tighinn air tìr.

(Iad ag èisdeachd)

EALASAID *(ri NIALL)* Agus aithnichidh Brigadier Gitt m' athair, cuimhnich. Rinn m' athair drèana dha uair, a-mach bho chùl na Loidse.

MAIREAD 'S bidh shùil, mar sin, a-mach airson m' athair, am measg an t-sluaigh . . .

EALASAID 'S innsidh e dha nighean an rìgh cà'il m' athair, 's cò e . . .

MAIREAD 'S thig nighean an rìgh a-null a bhruidhinn ri m' athair . . .

EALASAID 'S a bhreith air làimh air . . .

MAIRI Agus 's fhada bho dh'aithnicheadh Sir Farquhar d' athair. Bidh sùil Sir Farquhar a-mach air a shon cuideachd.

TORCUIL	Sùil, cò 'n t-sùil?
MAIRI	Sùil Sir Farquhar. Aithnichidh sinn e, tha mi 'g innse dhaibh.
TORCUIL	Duin' uasal.
MAIREAD	'N aithnich thus' e cuideachd, a mhàthair?
MAIRI	Sir Farquhar? Mà, 's mi gun aithnich!
TORCUIL	Duine laghach.
MAIRI	Nach robh mi dà bhliadhna na mo chòcaire aige, anns a' chaisteal? Mus robh thus' air do bhreith.
TORCUIL	Thigeadh e air a' fòn. Macrae, chanadh e. Sin a bh' aig orm. Macrae. Macrae, chanadh e. Tha dà dhuine dheug agam a-nochd airson dìnneir. Cuir do bhean suas an seo, 's na biodh dàil ann. Can rithe a gùn-oidhch' a thoirt leatha. Right away, Sir Farquhar, chanainn-s'. Duine uasal.
MAIREAD	*(aig beulaibh na stèids, a' toirt a chreids gu bheil i coimhead a-mach — ri NIALL)* Dimàirt sa tighinn . . .
NIALL	*(aig beulaibh na stèids, a' toirt a chreids gu bheil e coimhead a-mach)* Ceart . . .
MAIREAD	Anns an àit' àbhaisteach . . .
NIALL	Dè 'n uair?
FIONNLAGH	*(aig beulaibh na stèids, air taobh thall MAIREAD — ri NIALL)* Na Gearmailtich cuideachd.
NIALL	*(toirt leum bheag às)* Dè 'n rud, Fhionnlaigh?
FIONNLAGH	Math air dèanamh cameras.
	(Iad a' coimhead a chèile. MAIREAD eatarra)
NIALL	A bheil?

FIONNLAGH   Tha.

TORCUIL   Japs? Gearmailtich? 'N e Niall Odhar a tha mach air Japs
              is Gearmailtich? Ach chunna mise Japs is Gearmailtich air
              mo chuairt. Sheall mise ri Gearmailtich eadar an dà shùil,
              's cha b'ann a' moladh an latha dha cach-a-chèile a bha sinn.
              Airson Japs . . . *(a' togail a' bhata na dhà làimh)* . . . Ann
              am Burma, bha Jap agamsa uair air bàrr na bèigeileid. Mar
              sin. Bun na beigeileid. 'S cha dàinig bìog dreathann-donn às.

              (stad)

TORCUIL   Cha b' ann le làmhach a chùl cinn mo sheanmhar a bha mise
              ga mo chluich fhìn idir.

MAIREAD   Fionnlagh a bha mach air na Japs, a bhobain.

TORCUIL   Eil Fionnlagh fhathast an seo? Dùil a'm gun robh aige ri dhol
              a dh'Inbhir Pheofharain. Thug mi mo nighean dha. Cà'il i
              nis?

MAIREAD   Ann an seo! *(ri MAIRI)* Thia, a' cheist!

TORCUIL   *(caiseach)* Chan e thusa. Nighean an rìgh!

EALASAID   *(coimhead a-mach)* Fhathast shìos air a' chidhe.

MAIREAD   Tog suas air do ghualainn mi, a Nèill — tha thu cho tapaidh
              's cho làidir — ach am faic mi dè tha tachairt.

EALASAID   Cluinn, a mhàthair! Cluinn an rud a tha i 'g iarraidh air Niall
              a dhèanamh. *(ri MAIREAD)* Togaidh Fionnlagh thu.

FIONNLAGH   O! Ceart! *(cumail a' chamara ri MAIREAD)* Can càis'.

TORCUIL   An teaghlach rìoghail! *(crathadh a chinn)* Chan eil iad . . .
              mar a tha sinne.

NIALL   Nach eil?

TORCUIL	*(ag obair sìos is suas le aon làmh)* Tha iad . . . eadar-dhealaichte.

NIALL   Chan eil thu 'g ràdh!

TORCUIL   Ughdarrail ach uasal. An uaisleachd sin annta gu nàdarrach. 'S mura h-eil e annta gu nàdarrach, thathas ga chur annta nan òige. Dè fios a th' aig samhail Nèill Odhair cò ris a tha 'n teaghlach rìoghail coltach? Nach do charaich a-riamh a-mach à Ceann na Loch, ach an corra uair a thig air a dhol a dh'Inbhir Nis le siùcaran-milis 's comics chon a' mhurtair, a bhràthair? . . . Ach choinnich mise ris an teaghlach rìoghail air mo chuairt. 'S rug iad air làimh orm. 'S chaidh mi nan còmhradh.

(Fuaim gunna mòr ga leigeil)

MAIRI   Dè bha siud?

TORCUIL   *(a ghuth nas làidir)* Ann an 1941, air cidhe Dhòbhair . . .

NIALL   Folkestone . . .

TORCUIL   . . . Mi na mo laighe ann an sin, anns an t-sreath, air sreidsear, thàinig an rìgh os mo chionn. An rìgh Seòras. Shuath mi mo làmh anns a' phlaide . . . mar siud . . . son a glanadh, 's rug an rìgh air làimh orm. Cha dubhairt e càil.

(Fuaim a' ghunna an dàrna uair)

MAIREAD   *(ri MAIRI)* Gunn' a' Bhataraidh a th' ann.

TORCUIL   *(a ghuth nas làidir)* Ann an 1945, air taobh a-muigh Caisteal Windsor . . .

NIALL   . . . beulaibh Lùchairt Bhuckingham . . .

TORCUIL

. . . thàinig an t-seann bhànrigh, Mary of Tet, seanmhair nighean an rìgh, a-mach a choimhead air an rèiseamaid againn. Bha mi anns an t-sreath, nam fhèileadh. Boireannach ùghdarrail, gruamach. Bha i cho faisg orm ri . . . ri . . . *(ag obair sìos is suas le làmh)* An t-seann bhànrigh. *(Iolach, a-muigh)* Dè tha tachairt a-nis?

EALASAID

Nighean an rìgh a' togail a làmh ris an t-sluagh. Tha i coimhead . . . àlainn.

MAIRI

Eil ad oirr'? Dè seòrs' ad a th' oirr'?

TORCUIL

(cha mhòr ag èigheachd) Ann an 1956, an Eilean Leòdhais . . .

NIALL

Anns an Eilean Sgitheanach . . .

TORCUIL

. . . choinnich mi a' bhànrigh, Ealasaid Bowes-Lyon, màthair nighean an rìgh. "Co às a tha thu?" ars' a' bhànrigh rium. Gàire air a h-aodann. "A Ceann-tàile, maam," arsa mise. "Cha robh sinn a-riamh an Ceann-tàile," ars' ise. "'N e eilean a th' ann?" "Chan e, maam," arsa mise. "Bha sinn ann an eilean an-dè," ars' ise. "Eilean na Hearadh. 'S e eilean a th' anns na Hearadh, nach e?" "'S e, maam," arsa mise.

(Iolach, còmhlan phìobairean, etc., beagan nas fhaisg)

EALASAID

(coimhead a-mach) Tha nighean an rìgh a' gluasad stàtail suas an cidh'. Lord Corcoran, le biodag air, na cois.

MAIREAD

(a' leum air druim NEILL) Tha i dol tro saighdearan a' Bhataraidh. Brigadier Gitt, le claidheamh rùisgt', ri taobh.

(Iolach)

EALASAID

Siud an ambalans a' falbh le Lady Clapcock . . .

(Iolach)

MAIREAD	Siud an Honorable Farquhar Colquhoun a' tuiteam eadar a' gheòla rìoghail 's an cidh' . . .
EALASAID	Seall, a mhàthair! Seall far a bheil i!
MAIRI	Crom bho Niall, a Mhairead, gabh comhairl'. *(MAIREAD a' cromadh)* Theirig air muin Fhionnlaigh, ma dh'fheumas tu dhol air muin duine sam bith.
	(Fuaim a' ghunna)
MAIREAD	Tha gunna mòr a' Bhataraidh fhathast a' losgadh . . . *(a' tionndadh ri FIONNLAGH)* Siuthad — tog mi.
FIONNLAGH	Ceart. *(cumail a' chamara rithe)* Can cuthag.
	(Stad)
NIALL	*(ri TORCUIL)* 'S mòr na bh' aig Ealasaid Bowes-Lyon ri chantainn riut.
TORCUIL	"'N e eilean a th' ann an Leòdhas?" ars' ise. "'S e, maam," arsa mise.
NIALL	Agus nach ann aicese a bha a' Ghàidhlig! Cha robh fhios a'm gun a seo gun robh Gàidhlig aice. Tha mi creids gun deach a cur innte na h-òige, aig an aon àm ris an uaisleachd.
	(Iolach, pìoban-ciùil etc., beagan nas fhaisg)
EALASAID	*(a' coimhead a-mach)* Tha i null an t-sràid àrd!
MAIREAD	*(a' leum sìos is suas)* Tha i tarsainn na sràid ìosail!
MAIRI	Nach innis duineigin agaibh dhomh dè seòrs' ad a th' oirr'?
TORCUIL	*(àird a chinn)* Ann an 1972, air Eilean Ile . . .
NIALL	'S e eilean a th' ann an Ile . . .

TORCUIL	. . . choinnich mi am prionnsa òg, mac piuthar nighean an rìgh.
NIALL	. . . ach chan e eilean a th' anns na Hearadh . . .
TORCUIL	Duine òg, uasal. Thàinig e sìos às an adhar ann a helicopter. E fhèin a bh' air a' chuibhle-stiùir. Fhad 's a bha a' helicopter a' leigeil a h-anail, choisich e, le làmhan paisgt' air a chùlaibh, am measg nan daoine. "Latha math," chuala mi e 'g ràdh ri na daoine. "Ciamar a tha sibh?" chuala mi e 'g ràdh . . . Cà'il i nis?

(An iolach, 's fuaim nam pìob, a' tighinn nas fhaisg)

EALASAID	Tha i a' cur car man a' War Memorial!
TORCUIL	*(ri MAIRI)* Eil thu nad àit', air mo chùlaibh? Deiseil son mo shàthadh a-mach?
EALASAID	*(coimhead a-mach)* Chan eil duine a' nochdadh fhathast . . .
MAIREAD	*(a' leum suas air NIALL a-rithist)* Dè tha ga cumail?
EALASAID	Seall, a mhàthair! Can rithe sgur dheth!
MAIREAD	Seo iad a' tighinn!
EALASAID	*(làmh ri maol)* Cà'il nighean an rìgh? . . .
MAIREAD	Chan eil sgeul oirr'!
EALASAID	Cà 'n deach i?
MAIREAD	Tha Lord Corcoran na aonar!
EALASAID	Tha Brigadier Gitt leis fhèin!
MAIREAD	Tha i air car-mu-chnoc a thoirt dhaibh . . .
NIALL	Car mu War Memorial . . .

MAIREAD	*(a' leum sìos bho NIALL, 's a' seanais na chluais)* Cuimhnich Dimàirt.
NIALL	Càit?
MAIREAD	Anns an aon àit'.
NIALL	Dè 'n uair?
FIONNLAGH	*(a cheann a' tighinn eadar an dithis aca — ri NIALL)* An tog mi do dhealbh?
	(Tha e falbh air ais gu àite, gun feitheamh ri freagairt. A' cumail meatar-solais suas, 's a' coimhead troimhe)
TORCUIL	Ca'il nighean an rìgh? Eil i gu bhith oirnn?
EALASAID	Càil a dh'fhios a'm.
MAIREAD	*(seanais chabhagach ri NIALL)* Tha fios aige!
NIALL	Aig Fionnlagh? Eisd! . . .
MAIREAD	Tha fios aige, tha mi 'g ràdh riut! Air a h-uile càil! Tha fios aige!
NIALL	*(coimhead, air oir, ri FIONNLAGH . . . mì-chinnteach)* Chan . . . eil . . .
MAIREAD	*(rithe fhèin . . . coimhead a-mach dhan an talla)* Cha robh fios a'm gun a seo . . . gun robh fios aige . . .
EALASAID	*(làmh gu maol)* Chan eil mi ga faicinn . . . thall no bhos . . .
	(An iolach, 's fuaim nam pìob, gu math faisg)
MAIREAD	*(a' coimhead a-mach dhan an talla — a' putadh EALASAID)* Hui! Cò tha sin?
EALASAID	Càite? *(a' coimhead a-mach dhan an talla)* O!

MAIREAD	Nach i th' ann?
EALASAID	'S i. *(mì-chinnteach)* Cha chreid mi . . .
MAIREAD	Seall thusa an taobh a chaidh i! . . . Ach dè chuir an taobh sin i?
MAIRI	*(a' tighinn a-mach bho chùl an t-sèithir, 's a' coimhead a-mach dhan an talla comhla' riutha)* Dè th' ann? Cò tha sibh faicinn?
MAIREAD	*(iongnadh na guth)* Tha nighean an rìgh . . .
EALASAID	Cha robh dùil a'm gun deigheadh i sìos an sin. Am measg na . . . na . . .
MAIRI	Cò 'n tè a th' innte?
EALASAID	Sin i.
MAIRI	An tè bheag leis an ad?
EALASAID	'S e. *(mì-chinnteach)* Mas i a th' ann . . .
MAIRI	Nach i tha beag!
MAIREAD	*(ri EALASAID)* Tugainn! Ach am faic sinn ceart i . . .
EALASAID	*(a' gabhail grèim air a gàirdean)* Bidh sinn nas luaithe an taobh s' . . .
	(Tha iad a' falbh a-mach)
MAIREAD	*(bho oir na stèids — ri MAIRI)* Tugainn, a mhàthair! Greas ort!
MAIRI	*(na trotan às a dèidh)* . . . Ach cò smaoinich gum biodh i cho beag . . .
	(Tha iad air falbh)

TORCUIL   *(ag èigheachd às an dèidh)* Hui! Hui! Cà'il sibh dol? Dè mu mo dheidhinn-sa?

                 (àrd)

                 Thigibh air ais an seo! Air mo thòir-s'!

                 (stad)

FIONNLAGH   *(bho thaobh thall na stèids)* Ta. Cha dèan seo e.

                 (ga ullachadh fhèin son falbh)

TORCUIL   A Dhonnchaidh! Cà'il thu dol?

FIONNLAGH   *(air a shlighe mach)* Dè?

TORCUIL   Na fàg mi! Thoir leat mi! Mac an deagh dhuine!

                 (Stad)

FIONNLAGH   Ceart. *(a' cumail a' chamara ris)* Can *cac a' choin.*

                 (Tha e togail dealbh THORCUIL. A' falbh)

                 (Iolach àrd, a' tighinn nas fhaisg)

TORCUIL   *(gun seulltainn ri NIALL)* Sàth mi . . .

NIALL   Cò ris a tha thu bruidhinn a-nis?

TORCUIL   Riuts'. Siuthad! Sàth mi!

NIALL   Chan eil thu bruidhinn riums' . . .?

TORCUIL   Tha. Tha.

                 (ag obair le làmh)

                 Seall orm! A' bruidhinn riut! Cluinn orm! A' bruidhinn riut! Tha mi bruidhinn riut! Sàth mi!

NIALL   Carson?

TORCUIL   Ach am faic mi i. Nighean an rìgh. Seann shaighdear. Ach
               am bruidhinn i rium. A bha dìon na rìoghachd. Siuthad! A
               Nèill?

NIALL   Anns an Arm, 's ann a' dèanamh an-àirde pàigheadh nan
               gillean eile a bha thu . . .

               (Iolach àrd, faisg dha-rìribh)

               Dè ged a shàthainn thu? Ged a chàrainn thu air a beulaibh?
               Dè feum a bhiodh ann an sin? Chan fhaic thu i — tha thu
               dall. Cha chluinn thu i — tha thu bodhar. Ged a dhèanadh
               i ridire dhiot air an spot, cha b'urrainn dhut a dhol sìos air
               aon ghlùin, no thu fhèin a dhèanamh dìreach a-rithist — chan
               eil an lùths na do chasan. 'S ged a chuireadh i ceist ort, chan
               fhaigheadh i air ais bhuat ach a' bhreug. Chanadh tu rithe
               gur e eilean a th' anns na Hearadh. Gur e eilean a th' ann
               an Leòdhas.

               (EALASAID is MAIREAD a' tighinn air, nan ruith)

EALASAID   Hui, a Nèill! A bhobain! Bhruidhinn i rium! Nighean an rìgh!

MAIREAD   Bhruidhinn 's riums'! Thuirt i . . .

EALASAID   Thuirt 's rium' . . .

MAIREAD   Thuirt i: tha mi cho toilichte a bhith ann an seo . . .

EALASAID   Tha e cho math a bhith ann an seo, thuirt i . . .

MAIREAD   Fhuair mi crathadh-làimh bhuaipe . . .

EALASAID   Fhuair 's mise . . .

MAIREAD   Tha e cho math a bhith ann an seo, thuirt i . . .

EALASAID   Tha mi cho toilichte a bhith ann an seo . . .

MAIREAD	Cà'il mo mhàthair?
EALASAID	Bha i còmh' riuts'!
MAIREAD	Cha b' ann ach còmh' riuts'!
EALASAID	Seo i tighinn. *(MAIRI a' nochdadh. EALASAID is MAIRI a' dèanamh oirr')* Hui! A mhàthair! Bhruidhinn i ruinne!
MAIREAD	Rug i air làimh oirnn! Thuirt i . . .
MAIRI	'S am faca sibh an ad a bh' oirr'? An aon sheòrs' ad rium!

(Stad)

EALASAID	Cha b'e buileach, a mhàthair . . .
MAIREAD	Cha mhòr nach . . .

(Stad)

EALASAID	Bha ite eadar-dhealaicht' anns an ad aicese.
MAIREAD	An ite bh' ann an stiùir a' choilich a bh' anns an ad aicese.
EALASAID	Agus 's e tha nad ad-sa ach ite chuachach na peucaig.

(Stad)

MAIRI	'S mise 'g ràdh rium fhìn gur ann anns an aon Chlub a bha sinn . . . *(nas aighearrach)* 'S iongantach mur eil nighean an rìgh ann an club John Noble . . .

(Iolach àrd)

EALASAID	Dè nis? Dè tha tachairt a-nis?
MAIREAD	*(làmh a-mach)* Seall oirr'!
EALASAID	Chan ann a' dol dhan an taigh-òsd' a tha i?
MAIREAD	Siud i steach ann!

EALASAID   *(ri MAIRI)* Tugainn ach am faic sinn a-rithist i!

            (Iad a' falbh a-mach)

EALASAID   *(bho oir na stèids — ri MAIRI)* Trobhad, a mhàthair! Greas ort!

MAIRI   *(na trotan, ga leantainn)* Eil m' ad orm dìreach? Air mo cheann? . . . Hui! Fuirichibh riumsa!

            (Tha i falbh)

TORCUIL   *(èighe eagalach)* Dè mu mo dheidhinn-s'?

            (a' glaodhaich)

            Dè mu mo dheidhinn-s'? Dè mu mo dheidhinn-s'?

            (a cheann a' tuiteam air a bhroilleach)

            (ri NIALL — guth cròchanach, ìosal) Sàth mi . . .

NIALL   Ma tha thu gu bhith 'g innse nam breug, feumaidh cuimhne mhath a bhith agad.

TORCUIL   *(a cheann crom, a' gluasad a dhà ghàirdean mar gum biodh e cur car air cuibhleachan leotha)* . . . mi . . .

NIALL   *(ris a' chluais ris nach eil am bucas . . . seanais)* Feumaidh cuimhne mhath a bhith agad, ma tha thu gu bhith 'g innse nam breug.

            (E falbh a-mach. FIONNLAGH a' tighinn air. Tha iad a' coinneachadh aig oir na stèids)

FIONNLAGH   A h-uile dealbh a thog mi! Air am milleadh! Dè 'n diofar?

            (a' coimhead ris a' chamara a tha na làimh, 's a' crathadh a chinn. Tha Niall a' cur a làmh air a ghualainn)

FIONNLAGH   Thoir do làmh bho mo ghualainn, aire neo brisidh mi a h-
               uile fiacail a tha na do cheann.

NIALL   Tha mi duilich . . .

FIONNLAGH   Chan eil fhathast. Ach bithidh.

               (Na sheasamh a' coimhead ris a' chamara. Tha Niall a' toirt
               a lamh bho ghualainn. A' falbh)

               (Tha FIONNLAGH a' dol gu beulaibh na stèids. A' coimhead
               a-mach. Tha e mothachadh dha TORCUIL. A' dol a-null
               thuige. A' coimhead sìos ris. TORCUIL a' cromadh a chinn)

FIONNLAGH   Trì spools. Eil thu ga mo chluinntinn? Gun fheum. An dèidh
               mo shaothair. Double exposures, na trì. Cha tig aona dhealbh
               a-mach. Na Japs bheag a rinn an camara. Tha iad math air
               camaras a dhèanamh. Tha 's na Gearmailtich. Trì fichead
               dealbh 's a dhà dheug. Blanks! Dè 'n diofar? Thug thu do
               nighean dhomh. Sheas i ri mo thaobh anns an eaglais. Na
               gùn geal, cho brèagha. Agus mise na mo dheise ùr, cho
               moiteil. Math a bhith cuimhneachadh air. Bidh seo a'
               tachairt. Dha daoine nas fheàrr na mise. Agus dha daoine
               nas mios'. *(A' putadh THORCUILL)* Nach bi? . . . Thachair
               e nis dhòmhsa. Con nach tachradh? Cha robh
               m' aire air an rud a bha mi dèanamh. Bha m' aire air rudan
               eile. A h-uile dealbh a thog mi. Dè 'n diofar? Càil as urrainn
               dhomh a dhèanamh mu dheidhinn a-nis.

               (Tha e dol a-mach. Brag fuaim ga choinneachadh aig oir
               na stèids . . . tha e stad mar gum biodh e air ruith a-steach
               a bhalla-cloich, 's a' cur a làmhan air aghaidh. Am fuaim
               a' dol nas ìsle. Tha e falbh. Stad fhada)

               (An iolach bho muigh, fuaim nam pìob, etc., a' dol nas
               ìsle . . . a' stad. TORCUIL a' togail a chinn gu slaodach.
               A' coimhead a-mach dhan an talla.)

TORCUIL   Ann an 1941 . . . ann an . . . air . . .

(a' toirt dheth nan glainneachan dorch. Gan tilgeadh às.)

Ann an 1945 . . . air taobh a-muigh . . . air beulaibh . . .

(a' toirt dheth a' bhucais a tha ri chluais. Ga thilgeadh às.)

Ann an 1956 . . . ann an eilean . . . an eilean . . .

(a' tilgeadh a' bhata às)

Ann an 1972 . . .

(ag èirigh a-mach às an t-sèithear chuibhleachan. A' seasamh. A' feuchainn, le aon làmh, ris an t-sèithear a theich air falbh bhuaithe.)

'S e eilean a th' ann am Barraigh . . .

(a' toirt trì ceumannan cugallach gu beulaibh na stèids. A' coimhead a-mach dhan an talla. Stad fhada.)

Ann an 1987 . . . anns a' bhaile seo . . . choinnich na h-ìghnean agam . . . nighean an rìgh . . .